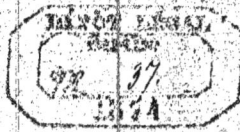

Noëls de Jean Daniel

Dit Maitre Mitou

LES

NOELS DE JEAN DANIEL

DIT

MAITRE MITOU

Organiste de Saint - Maurice & Chapelain
de Saint - Pierre d'Angers

—

1520 - 1530

—

PRÉCÉDÉS D'UNE ÉTUDE SUR SA VIE ET SES POÉSIES

PAR

Henri CHARDON

Président de la Société d'Agriculture, Sciences et Arts de la Sarthe
Membre du Conseil général
Ancien élève de l'École des Chartes

LE MANS

Imprimerie Edmond Monnoyer

—

MDCCCLXXIV

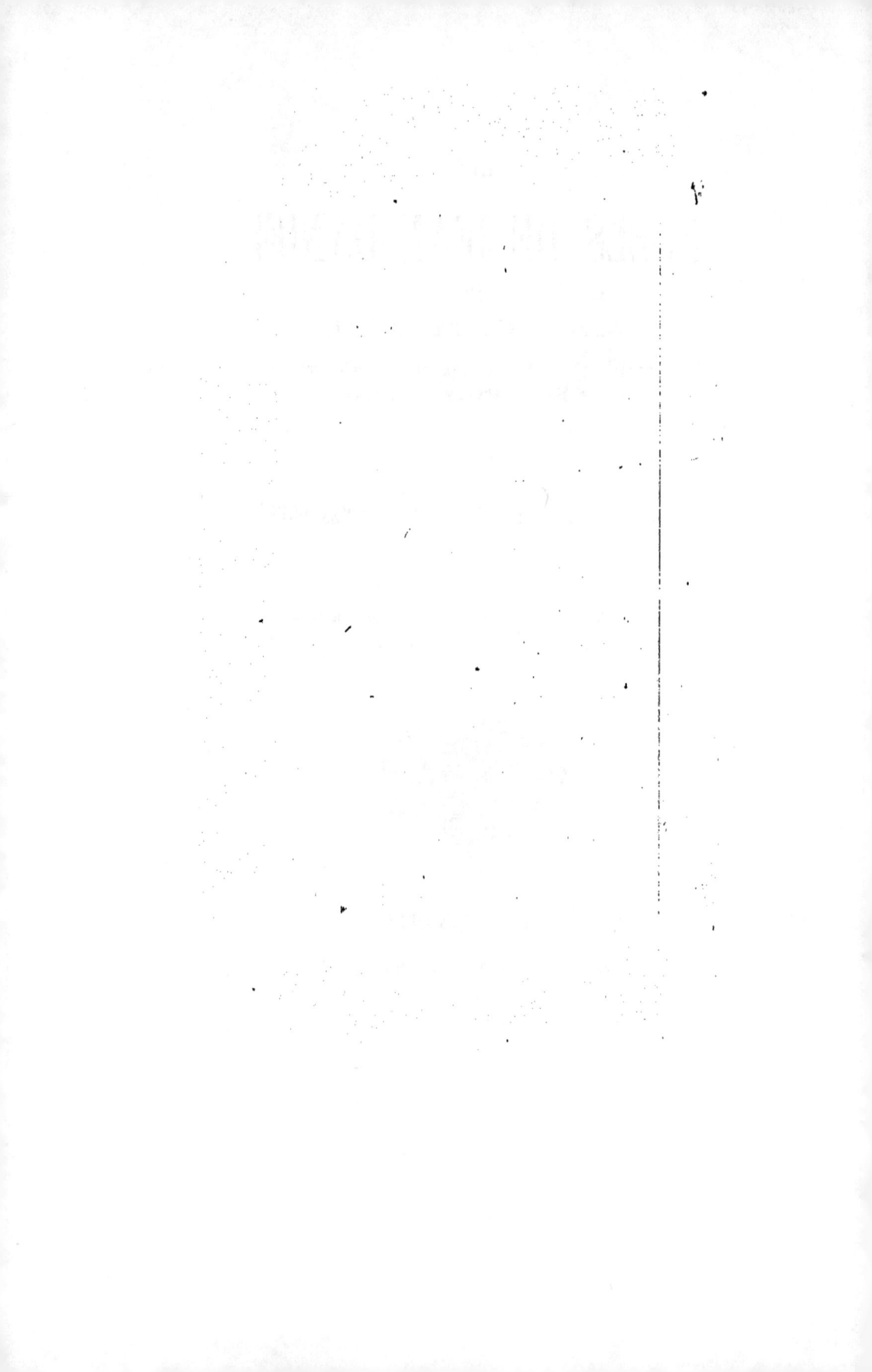

ÉTUDE

SUR

LA VIE & LES POÉSIES DE JEAN DANIEL

DIT MAITRE MITOU

———

Que de résurrections n'a-t-on pas opérées de nos jours
dans le domaine de la littérature et de l'art! Que de poëtes,
d'humbles chroniqueurs, ou d'artistes ont profité à notre
époque d'un regain de popularité posthume, supérieure
peut-être à celle dont ils avaient joui de leur vivant, et cela
grâce à l'esprit de chercheurs enthousiastes, désireux de faire
valoir leur découverte pour être amplement payés de leur
peine !

Le xvie siècle surtout a été exploré, j'allais dire exploité,
dans toutes ses profondeurs et ses petits recoins. Il y reste
pourtant plus d'une exhumation à faire; on peut encore
trouver, parmi les oubliés ou les dédaignés de ce temps,
quelque poëte ayant autant, sinon plus de droits que beaucoup
de ses contemporains plus privilégiés que lui, à se débarras-
ser de son linceul et à soulever le marbre du tombeau.

Tel est à mon sens, et je crois pouvoir aisément faire par-
tager mon avis, le cas de Jean Daniel, dit Maître Mitou,

auteur du premier tiers du xvi° siècle, demeuré trop inconnu
jusqu'à ce jour, et dont cependant les vers se couvrent d'or
dans les ventes, quand par un hasard bien rare on peut les y
rencontrer.

C'est ainsi qu'en 1869, à la vente de M. le baron Jérôme
Pichon, l'éminent président de la Société des bibliophiles,
trois petites plaquettes portant le nom de Jean Daniel, contenant vingt-cinq noëls, ont été payées 810 francs par un de
nos bibliophiles les plus distingués, M. le comte de Lignerolles,
qui en est aujourd'hui l'heureux possesseur. Elles venaient de
chez le duc de La Vallière, et avaient ensuite passé entre les
mains de Méon, de Chardin et de M. de Soleinne.

C'est dire que Jean Daniel ne hante que les bibliothèques de
bonne maison : c'est déjà une recommandation en sa faveur.

J'ajoute que plus d'une ville revendique cet humble
rapsode, qui n'a que ce trait de ressemblance avec Homère.
Angers, Laval, Le Mans, etc., à en croire divers écrivains
locaux, seraient fondés à réclamer comme un des leurs l'auteur
de ces noëls rarissimes du commencement du xvi° siècle.

Voyons ce qu'il y a de vrai dans ces prétentions respectives,
et à quoi se bornent les renseignements bibliographiques
donnés sur Jean Daniel. Quant aux documents biographiques,
ils ont, jusqu'à présent, fait complétement défaut ; le titre de
ses ouvrages étant, à vrai dire, la seule chose qu'on connaîsse
sur son compte et qui ait survécu.

On chercherait en vain son nom dans l'abbé Goujet, dans
Nicercn, dans le catalogue Viollet-Le-Duc de 1843, ou dans
les nombreux auteurs de nos jours qui ont écrit l'histoire
littéraire du xvi° siècle. Lacroix du Maine avait eu soin cependant de l'inscrire dans sa *Bibliothèque* et l'avait ainsi spécifié :

« *Jean Daniel*, organiste. Il est auteur comme il semble
d'un petit livre intitulé l'*Ordre funèbre triomphant et Pompe
pitoyable tenue à l'enterrement de feu M. le comte de Laval
et admiral de Bretagne et lieutenant du roi*, imprimé à
Angers chez Jean Baudouin, l'an 1531 ou environ. »

Il est à remarquer que Lacroix du Maine, qui le premier nous met sur la piste de Jean Daniel, ne dit rien de son lieu de naissance. C'est une forte présomption contre sa prétendue origine mancelle ; car Lacroix du Maine, si soucieux d'enregistrer tous les titres de ses compatriotes, de grossir leur bagage littéraire et de mentionner même les œuvres manuscrites qu'ils avaient en portefeuille, et qui n'ont jamais vu le jour, n'aurait pas manqué de constater le pays d'origine ou d'adoption de Jean Daniel, s'il avait été organiste au Mans, comme l'ont avancé des écrivains de cette ville (1).

L'ouvrage que cite le célèbre bibliographe manceau fait même présumer par son impression à Angers que Jean Daniel devait habiter l'Anjou (2) ; tandis que le contexte du livre, consacré à l'éloge du comte de Laval, Guy XVI, porte à rechercher l'auteur parmi les personnes faisant partie de la maison de ce seigneur, et à rattacher son lieu d'origine à quelqu'un des fiefs que cette puissante famille possédait dans tout l'ouest de la France et surtout dans le bas Maine et la Bretagne.

Cette relation des funérailles ou, si l'on veut, cette oraison funèbre du comte de Laval, dont je parlerai longuement, a été pendant longtemps le seul ouvrage connu, ou du moins mentionné de Jean Daniel. L'Art de vérifier les dates relate son titre en 1724 au chapitre des comtes de Laval, et dit que les curieux la conservent encore dans leur bibliothèque. Le père Lelong la mentionne également dans sa Bibliothèque historique, mais sans indiquer le nom de l'auteur.

Malgré son excessive rareté, cet ouvrage de Jean Daniel n'est pas celui qui intéresse tout particulièrement aujourd'hui les bibliophiles et qui a le don d'exciter le plus vivement leur

(1) Desportes, Bibliographie du Maine. M. l'abbé Lochet, Province du Maine, 1845, n° 50, p. 5 ; Semaine du fidèle, t. VI, p. 387, 16 mai 1868. Dom Piolin, Histoire de l'Église du Mans, t. V, p. 350. M. de Montesson, Vocabulaire du haut Maine.

(2) Il est vrai qu'en 1531 l'imprimerie n'était pas encore introduite dans bien des villes de l'Ouest.

curiosité. Un autre aimant les attire vers l'organiste-poëte. Ce sont ses *Noëls*, dédaignés par tout le XVII° siècle, qui eut une morgue si hautaine et si funeste pour la poésie du siècle précédent ; dédaignés même par les savants de la fin du XVI° ne voyant rien hors de Rome et d'Athènes, et regardant en pitié les œuvres inspirées par le génie national et chrétien de notre vieille France. La preuve de ce dédain et de cet oubli, c'est qu'on ne trouve pas les Noëls de Jean Daniel relatés par Lacroix du Maine. Il est vrai qu'à sa qualité de savant cet historien littéraire joignait celle de réformé, et qu'il avait ainsi un double motif pour ne pas mentionner ces poésies populaires émanées d'un sentiment si profondément catholique.

A la fin du XVII° siècle cependant, un écrivain se rencontra qui sut remarquer le nom de Jean Daniel. Un malin bourguignon, caustique bibliographe, fureteur d'anecdotes et de singularités littéraires, consacra quelques lignes à cet auteur oublié. Il était tout naturel qu'il connût les Noëls de maître Mitou ; car combien de recueils de ces vieux chants n'avait-il pas dû parcourir, pour s'inspirer de leur esprit, apprendre à les parodier, et à leur porter le coup de mort en cachant le serpent sous les fleurs, en déposant son ironie dans leurs rimes naïves comme un germe de ruine et de destruction. Celui qui dans le siècle de Louis XIV avait retrouvé le nom de Jean Daniel, n'est autre en effet que Bernard de La Monnoye, le Voltaire du *noël*, l'auteur des chansons de Gui Barôzai. Son éditeur Rigoley de Juvigny, à la fin du XVIII° siècle, inséra ses notes dans la nouvelle édition des *Bibliothèques* de Lacroix du Maine et de Duverdier ; c'est là qu'il faut aller chercher la mention de nouvelles œuvres de maître Mitou.

« Au devant de la *Légende joyeuse de M° Pierre Faifeu*, de Charles de Bourdigné, prêtre natif d'Angers, imprimée en lettres gothiques à Angers en 1532, et composée en rime beaucoup plus gothique, dit La Monnoye, il y a une épître en vers de maître Pierre Faifeu datée des champs Elysées, dans laquelle

il est fait mention de plusieurs poëtes morts auparavant... Au
bas est pour devise *Grâces et amour*, et ensuite *Jo. Da. org.*,
que j'interprète *Joannes Daniel organista*, auteur de cette
épître ; car elle n'est pas de Charles Bourdigné, dont la devise
étoit : *Tout passe.* »

« Jean Daniel, dit-il à un autre endroit, est de plus auteur
de plusieurs noëls anciens, imprimés en lettres gothiques
in-8°, chez Jean Olivier, 1524, au bas desquels est écrit : *Joannes Danielus, organista.* »

Ces deux mentions, sur lesquelles nous aurons à revenir, sont
toutes deux curieuses.

L'une fait connaître avec justesse et avec un piquant esprit
de discernement une épître en vers de Jean Daniel, insérée
dans l'œuvre de Charles Bourdigné, à qui elle avait été attri-
buée à tort ; elle montre de nouveau notre auteur en rapport
intime avec les Angevins, et constitue une très-forte présomption en faveur de son séjour à Angers.

L'autre enfin indique ces noëls anciens si recherchés de
nos jours, et qui, mieux que la prose rimée d'une chronique en
vers, comme l'*Ordre funèbre*, ou les vers alambiqués d'une
épître soi-disant écrite aux Angevins par Mercure des champs
Elysées, sont de nature aujourd'hui à piquer la curiosité.

Nous avons enfin la mention de l'œuvre que nous cher-
chons. Mais où trouver ces Noëls de Jean Daniel, qui, comme
tous leurs pareils, ont eu à lutter contre bien des chances de
destruction ? Livres populaires, placés entre les mains de la
foule et non dans la bibliothèque des collectionneurs, inces-
samment maniés et rudement feuilletés par des mains bien
différentes de celles des bibliophiles, les noëls furent exposés
par leur propre vogue d'abord à bien des ruines, tandis que
plus tard le changement de mode qui demandait des chants
nouveaux, et qu'effrayait la rouille du vieux langage, les vouait
à d'autres dangers plus sérieux, sans parler de l'exiguïté de
ces recueils qui les soumettait aussi à de nombreuses chances
de disparition. Aussi n'en a-t-il survécu que de rares épaves,

parfois des exemplaires uniques (1) ; encore ces plaquettes rarissimes n'ont-elles souvent ni commencement ni fin. Quelques-uns de leurs feuillets ont pu seuls échapper et survivre, et l'on pourrait dire qu'il ne leur reste d'entier que le cœur.

La première fois que je trouve une preuve de l'existence des Noëls de Jean Daniel dans une bibliothèque, c'est en 1783 dans le Catalogue du duc de La Vallière, dont la riche bibliothèque renfermait tant de recueils de ce genre, devenus introuvables aujourd'hui, ou dispersés à tous les coins du monde. L'ancien bibliothécaire du duc, l'abbé Rives, qui, chose rare alors, savait apprécier cette littérature des noëls, en avait rassemblé une splendide et unique collection.

Le numéro 3081 du catalogue La Vallière (première partie), formé de huit recueils de noëls rarissimes, alors réunis, mentionne seulement deux recueils formellement attribués à Jean Daniel :

Cinquième recueil, *Noëls nouveaux composés pour confondre les hérétiques*, par Jean Daniel, organiste.

Septième recueil, *Noëls joyeux pleins de plaisir*, par Jean Daniel.

Deux autres recueils du même n° 3081, dont un daté de 1524, *Chansons saintes pour vous ébattre, composées par un prisonnier*, et un autre que je serai le premier à faire connaître, bien que l'œuvre du même auteur, ne lui sont pas attribués par ce célèbre catalogue, dont les indications sont parfois trop sommaires et ne reproduisent pas les titres des ouvrages avec l'exactitude qui est de rigueur aujourd'hui.

Les mentions des diverses éditions du *Manuel du libraire* furent plus explicites et plus complètes, sans arriver toutefois à une parfaite exactitude.

Voici l'article que la dernière édition de Brunet consacre à Jean Daniel, organiste :

(1) On en voit figurer plusieurs dans l'ouvrage de Quérard récemment publié par M. Gustave Brunet, *Livres perdus et exemplaires uniques*, Bordeaux, 1872. Voir pages 16, 48, 71.

« 1° *S'en suyvent plusieurs* (six) *Noëlz nouveaulx* (sans lieu ni date, vers 1520), petit in-8° gothique de 8 ff., à 24 lignes à la page.

« 2° *Noëls joyeulx plain de plaisir à chanter sans nul déplaisir*, petit in-8° gothique de 12 ff., contenant onze noëls. Le nom de l'auteur est ici en latin : *Johannes Danielis.*

« 3° *Chantzons sainctes pour vous esbatre élégantement exposées par ung prisonnier, composées cest an quinze cent vingt-quatre*, petit in-8 gothique de 8 ff., à 26 lignes par page. De huit noëls que renferme cet opuscule, deux, le deuxième et le troisième, portent le nom de Daniel organiste (1). »

Au numéro 14269 de son *Manuel* (t. Ier, col. 1786), Brunet signale encore dans un recueil de chansons à quatre, cinq et six parties, livres I à XXI, imprimé à Paris chez Adrian Lo Roy et Robert Ballard, 1569-1583, in-8° oblong, l'existence de plusieurs chansons de maître Mitou. Quérard avait aussi donné à Jean Daniel la paternité des noëls que Brunet avait été le premier à lui attribuer.

Mais il fallut attendre le catalogue du baron Jérôme Pichon pour retrouver la mention formelle de la survivance des recueils de Mitou et leur indication assez détaillée (cependant cette fois encore avec un regrettable *desideratum*), pour ne pas permettre de les confondre désormais avec des recueils analogues.

Le président de la Société des Bibliophiles avait recueilli dans sa bibliothèque les divers noëls mentionnés au fameux n° 3081 du Catalogue La Vallière. Ils avaient passé, je l'ai dit, par les mains de Méon, de Chardin et de M. de Soleinne, mais avaient été dépecés par leur dernier possesseur et formaient désormais autant de plaquettes distinctes et séparées.

Les noëls attribués à Jean Daniel figurent sous les n°s 658, 660 et 662 du Catalogue de M. le baron Pichon :

(1) Je ne sais pourquoi Brunet ne parle que de ces deux noëls, le recueil entier portant le nom de *Jo. Danielis.*

« N° 658. *Chantzons sainctes pour vous esbattre*
   Elégantement exposées
   Par ung prisonnier composées
   , *Cest an mil cinq cens vingt et quatre.*

« *J. D. org.* S. l. n. d. (1524), petit in-8° gothique de 8 ff.

« Ces chansons saintes de Jean Daniel organiste sont évidemment de J. Daniel organiste, auteur des noëls portés sous les n°s 660 et 662. ». C'est le troisième recueil du n° 3081 du Catalogue La Vallière.

« N° 660. *S'ensuyvent plusieurs* (six) *Noëls nouveaulx.* Titulus : *Chansons nouvelles de Nouel, composées tout de nouvel, esquelles verrez les pratiques de confondre les héréticques. Jo. Daniellus, organista.* S. l. n. d. (vers 1520), petit in 8° de 0 ff. goth. » C'est le cinquième recueil du n° 3081 La Vallière.

« N° 662. *Noëls joyeulx plain de plaisir*
   A chanter sans nul déplaisir.

« *Johannes Danielis org.* S. l. n. d., petit in-8° gothique de 12 feuilles. » C'est le septième recueil du volume du duc de La Vallière.

Ces plaquettes rarissimes ont été acquises à la vente du baron Pichon. au prix de 810 francs par un de ses collègues de la Société des Bibliophiles, M. le comte de Lignerolles, qui possède également tous les autres recueils du fameux n° 3081 et partage avec M. le duc d'Aumale le privilége de réunir la plus belle collection de noëls que nous ayons dans notre France, où les bibliothèques publiques sont, hélas ! si souvent dépourvues de ces précieuses raretés.

Voilà à peu près à quoi se borne ce qu'on a écrit jusqu'à ce jour sur Jean Daniel et ses œuvres. Qu'on n'ait rien dit de l'homme, on le comprend, à cause de la difficulté de lui composer une biographie et une individualité ; mais qu'on n'ait pas parlé de ses œuvres, c'est ce dont on a plus lieu de s'étonner.

La Société des Bibliophiles et son savant président eussent

été certes bien inspirés en reproduisant ses noëls, comme ils
l'ont fait pour ceux, si curieux aussi, de maître Lucas Le Moigne,
curé de Saint-Georges-du-Puy-la-Garde, en Poitou, qui
fut presque son contemporain (1). Le seul exemplaire qui

(1) Voir les *Noëls de Lucas Le Moigne, curé de Saint-Georges-du-
Puy-la-Garde, en Poitou.* Paris, 1520 (?), publiés par M. le baron Jérôme
Pichon, président de la Société des Bibliophiles français, avec des noëls
faits par les prisonniers de la Conciergerie vers 1524 et deux aguilan-
neufs tirés des *Noëls du Plat d'argent*, 1860, in-16, xvi et 72 pages, tirés
à 30 exemplaires.

L'édition originale des Noëls de Le Moigne (petit in-8° gothique de
63 feuilles), jadis dans la bibliothèque La Vallière, a passé de la bibliothèque Cicogne en celle de M. le duc d'Aumale. Les *Noëlz nouveaulx fais
par les prisonniers de la Conciergerie sur les chans des chançons qui
s'ensuyvent, et premièrement sur le chant, J'ai trop aymé vrayement je
le confesse, Amy souffrez que je vous ayme, Ces fâcheux sots* (petit in 8°
goth, de 4 ff. à 26 lignes, s. l. n. d., avec deux figures sur bois), sont
aujourd'hui dans la bibliothèque de M. de Lignerolles, qui, avec une
exquise courtoisie, a bien voulu me communiquer les trésors bibliographiques de sa collection de Noëls. Les trois noëls de ce recueil ont été
reproduits par M. le baron Pichon. Le savant bibliophile n'a au contraire publié que quelques noëls du recueil, postérieur, selon lui, de
quinze ou vingt ans : *Noëlz nouveaulx fails soubz le titre du Plat d'argent dont maint se courousse : on les vend en la rue Soint-Jacques à
s'enseigne Saint-Martin, par Jehan Olivier,* petit in-8° gothique de
16 feuillets. Cette plaquette fait partie de la collection de M. de Lignerolles ; il y manque le cahier C. Voici du reste la table de ce recueil ;
j'indique en italiques les noëls qui manquent en entier ou en partie :

> « Au boys de deuil.
> Aimez-moi belle Marguerite.
> Robinet hau hau.
> Je me repens de vous avoir aymée.
> Qui la dira la douleur.
> Je me plains, cest amours.
> Dieu te garde bergière.
> Avez-vous point veu mon oyseau.
> *Je ne puis plus chanter.*
> *Nouel des hayes.*
> *Ma mie m'a donné ung baston.*
> *Mon triste déplaisir.*
> *Le pot aux roses.*
> Chanson des pastoureaulx.
> Aguilanneufs { Avez-vous point veu.
> { J'ai en un joly jardinet. »

Les lacunes de ce volume peuvent être assez facilement comblées, les
chansons qui manquent se trouvant dans d'autres recueils du temps.

fût connu du monde des bibliophiles, n'ayant au contraire jamais été publié, force a bien été de se contenter du titre de ces rarissimes chansons.

L'épître placée en tête de la légende de Pierre Faifeu, de Charles de Bourdigné, et l'*Ordre triomphant* des funérailles du comte de Laval, bien que plus facilement accessibles, n'ont pas appelé non plus l'attention sur Jean Daniel.

Quoique l'édition de la légende de Faifeu, donnée par Coustelier en 1723, soit dans bien des bibliothèques, je ne sache pas qu'on ait mis en relief la judicieuse remarque de La Monnoye, relevée cependant par Brunet, qui attribue à Jean Daniel l'épître préliminaire. Il est vrai que l'œuvre par trop gauloise de Bourdigné n'a été l'objet, depuis la publication des notes de La Monnoye par Rigoley de Juvigny, que de quelques jugements rapides de critiques littéraires, et que sa vie même n'a guère été étudiée sérieusement que de la part de M. Port, le savant biographe des illustrations angevines (1).

Des fragments de cette épître, connue alors sous le nom de Bourdigné, avaient cependant été cités par quelques historiens, à cause des noms des principaux écrivains du commencement du xvie siècle qu'elle contient (2). On les avait mentionnés comme une curiosité littéraire, au même titre que les vers de Jean Lemaire et de Jean Pélegrin, dit Le Viator, ou de Pierre Grognet, sur les peintres et les artistes célèbres de leur temps, ou sur « les bons facteurs qui bien ont composé en rime, tant de çà que de là les monts. »

L'œuvre de Daniel est intitulée « l'épistre de maître Pierre Faifeu envoyée à MM. les Angevins par Mercure, hérault et truchement des dieux. » Ces fictions étaient de mode alors, et furent employées par Jean Bouchet, *le Traverseur*, comme par tous les poëtes de cette époque de transition, qui précède

(1) Voir *Revue de l'Anjou* 1867, p. 63, et *Dictionnaire de Maine-et-Loire*, au mot *Bourdigné*.

(2) Voir l'abbé Goujet, *Bibliothèque française*, t. XI, p. 32.

immédiatement la Renaissance et comprend le règne de
Louis XII avec les commencements de celui de François Ier (1).
Dans les premières éditions de Charles de Bourdigné, l'épître
de Daniel figure même, comme on va le voir, dans l'énoncé du
titre :

*La légende joyeuse de maistre Pierre Faifeu, contenante
plusieurs singularitéz et veritez, la gentilesse et subtilité de
son esprit avecques les passe-temps qu'il a faictz en ce monde...
avecques une épistre envoyée des champs Hélysées par ledict
Faifeu, la quelle contient plusieurs bonnes choses en rhétorique melliflue* (2).

(1) Voir de Jean Bouchet le *Panégyrique de Louise de Savoie, par
Mercure qui se transporte au champ de vérité par devant les juges de
bon ou mauvais renom.* Jean Bouchet, le *Traverseur,* a collaboré aux *Annales et Chroniques d'Anjou* de Bourdigné, le frère de Charles, l'auteur
de la légende de Faifeu. Nous verrons Daniel, qui dut personnellement
le connaître, en faire un grand éloge.

(2) Il serait fort à propos d'éclaircir la question de date des premières
éditions de la légende de Faifeu. Le *Manuel du libraire,* reproduit par
M. Port, indique une première édition de 1526, petit in-4o goth. de 52 fol.,
sans lieu d'impression, et une seconde édition portant le même titre et la
même bordure, petit in-4o gothique de 55 feuillets chiffrés, le 54e passé,
signature A-Oij, où on lit à la fin : « Mis et rédigez le premier jour de
mars l'an mil CCCCXXIX et imprimez à Angers l'an MDXXXI. » La
seule que je connaisse et qui est l'exemplaire de la Bibliothèque nationale (le même sans doute que celui dont parle La Monnoye), porte bien dont
les bordures du titre la date de 1526, et le monogramme I C (qui ne peut se
rapporter ni à J. Cleyn, ni à J. Clouet) ; mais on lit à la fin du 55e et
dernier feuillet : « Fin des faitz et dictz joyeulx de maistre Pierre Faifeu
mis et rédigez par messire Charles Bordigné presbtre, le premier jour de
mars l'an 1531 et imprimez à Angers l'an 1532. » Cette édition ne semble
pas différente de la deuxième indiquée par Brunet ; reste à trouver la première datée de 1526. Il paraît singulier qu'après cette première édition on
indique une date postérieure pour la *composition* de l'œuvre elle-même.
Il reste aux bibliographes angevins à bien préciser la date de la composition de la légende de Faifeu et de l'épître de Jean Daniel. Un des
chapitres est intitulé : « Comme l'an 1518 que le roi François 1er fut à
Angers, devant des seigneurs de la cour, il mangea des mousches. »
Comment en 1526 Daniel écrivant la soi-disant épître de Faifeu envoyée
des champs Elysées, peut-il alors dire son héros mort depuis dix
ans ? Il est vrai que quand il s'agit des aventures d'un personnage

Voici un échantillon de la rhétorique melliflue de Jean Daniel. C'est le début de cette épître, dans laquelle il se suppose mort et habitant les champs Elyséens (1) :

> Depuis dix ans que je party d'Angers,
> En délaissant du monde les dangers,
> Je n'ay eu soing ou vouloir vous escripre
> Jusque à présent et n'en ferez que rire.
> Ce néanmoins sachez que par de çà
> Depuis longtemps personne ne passa,
> Dont sceusse avoir tant admirable joye
> Que maintenant, combien que tousjours je oye
> La raisonnance et dulcifluant son
> Des instrumens et celeste chanson ;
> Car nous avons espinettes et orgues (2),
> (Ayans passé les ténébreuses morgues,
> Le feu purgeant la tache des délictz)
> Mieulx que n'avez, plus doulx et plus jolys ;
> Le temps me rit, mon plaisir renouvelle,
> Oyant de vous tant certainne nouvelle
> Par deux esprits qui ne sont pas menteurs....

Ces deux esprits qui viennent donner à Jean Daniel des nouvelles de notre monde, sont deux docteurs angevins, fort ennemis des hérétiques, l'un maistre René Bourreau, l'autre Hardoüyn Brehier, tous deux oubliés aujourd'hui, mais à qui notre auteur prodigue de pompeux éloges à leur arrivée aux champs Elyséens. Il fait de *Brahier* l'égal du bon Crétin, et les montre conversant ensemble outre-tombe (3) :

« frisque et gaillard » comme Faifeu, on n'est pas tenu à une grande précision des dates. D'un autre côté on remarquera que l'auteur ne range pas au nombre des poëtes d'outre-tombe Jean d'Authon qui mourut en 1527, et qu'il fait un panégyrique tout particulier de H. Brehier, décédé dès 1503, ce qui vieillit ce que j'appellerai *les origines* de son épître.

(1) Elle va du feuillet ii à la fin du feuillet vi verso de l'édition de 1532 et est signée *Jo. Da. org. Grâce et Amour.*

(2) On reconnaît là l'organiste dans Jean Daniel.

(3) Hardouin *Brehier*, cet esprit angélique, comme dit Jean Daniel, était mort le 30 janvier 1506. Official de la cathédrale, doyen de la Faculté des arts, pénitencier de Saint-Maurice, ce savant docteur mérite

Crétin et luy sans faire quelque pause
Joyeusement ensemble ce divisent,
Et en ces champs les belles fleurs eslisent,
En décorant nos arbres si très-beaulx
De haults dictons et de riches Rondeaulx
Tant richement sentans leur Rhétoricque,
Dont cil *Crétin* a eu la Théoricque
Plus melliflue entre les bien sçavans
Que n'ont pas eu tous aultres escripvans.
Qui vouldra voir et lire sa Cronicque
Des Roys françoys, sans sillabe erronicque,
Il trouvera de tant riches coulleurs,
Que on ne sçauroit en dire les valleurs.

A côté de Crétin, Jean Daniel place dans l'empire des morts les écrivains célèbres du temps, qui avaient déjà quitté la terre. Cela lui donne l'occasion de faire montre de ses connaissances et nous prouve qu'il était en effet familier avec les œuvres des poëtes qui avaient immédiatement précédé son époque :

Aussi avons le grant indiciaire
Que vous nommez feu maistre *Jehan le Maire*....
Nous en avons tant d'aultres avec eulx,
Qui ont vescu esprits ingénieux,
Que qui vouldroit leurs noms mettre et escripre
Il vous fauldroit plus d'un moys à les lire.
Alain Chartier qui haulte besonne ha.....
Jehan de Meun tient son Rommant de la rose
Fort estimé en substance et en sens.
Avecques luy déchiffre ses accens
Feu *Jehan Marot*, plein de haultz Léonines,
Le chevalier *Philippe de Commines*

d'occuper une place dans l'histoire de l'Université d'Angers. Son renom serait plus grand aujourd'hui s'il n'avait pas livré ses manuscrits au feu avant de mourir, comme le révèle notre poète. Son épitaphe se lisait sur sa tombe dans la chapelle des Chevaliers à Saint-Maurice. Voir M. Port, *Dictionnaire de Maine-et-Loire*, et les autorités qu'il cite, p. 481. Daniel avait sans doute connu H. Brehier, alors qu'il était un jeune étudiant de l'Université d'Angers.

> Qui escripvit familiairement ;
> Et appetons très singulièrement
> Veoir *Meschinot* avecques ses *lunettes* ;
> Il n'y a eu vivant soubz les planettes
> Qui en son vivant ait mieulx couché que luy.
> *Georges tesmoing* qui descrit son ennuy
> *Du Moulinet* en sinonimes passe. »

Après avoir ainsi passé en revue les illustrations poétiques de son temps et menacé plaisamment les Angevins de venir les tourmenter en qualité de *revenant*, s'ils médisaient de sa personne (1), Jean Daniel termine son épître, ainsi qu'on devait s'y attendre de la part d'un soit-disant défunt, en invitant ses contemporains à songer à la mort, à ne plus différer de s'amender, à changer de vie et à aimer Dieu.

> Ce n'est qu'une folye
> Que votre monde, abus, mélencolye....

(1) Je pense qu'on lira avec plaisir ces menaces de Jean Daniel, écrites sur un ton qui rappelle quelque peu ses gaietés bergeriques et ses chansons :

> De notre estat plus fort vous escriproye,
> Mais je cognois que de peu vous faschez ;
> Et de sçavoir de moy plus ne taschez,
> Sinon mes faictz pour gaudir et pour lire.
> Je vous deffends pour tant mon nom d'escripre,
> Ne deglosez rien aultrement que appoint.
> Si je me sens deshonnoré on poinct
> Par vostre escript que si bien ou libelle,
> Je vous promets que je yray en orbelle
> Par voz maisons, menant tant de luyttons
> Et donneray tant de coups de bastons
> Dessus vos litz, à l'heure qu'on sommeille,
> Que n'oserez tirer pied ne aureille.
> Ne pensez pas pourtant si je suys mort
> Que vous n'ayez de moy quelque remort ;
> Il n'y aura varlet ny chambrière
> Qui n'ayt grant peur en oyant la manière
> De la tempeste et nocturne tourment,
> Si vous parlez rien en mon détriment.
> J'euz nom Faifeu, mais j'iray par les porches
> Et porteray souches, boys, rondins, torches
> En voz foyers et feré feu ardant
> Que aulchun de vous ne sera regardant,
> Et n'oserez remuer cul ne teste
> Quant sur voz lictz vous orrez ma tempeste,

Et ne pensez qu'il vous faut trespasser
Malgré voz dens; et de vostre pécune
Tant plus avez et plus est de rancune
Et de misère à vostre partement...
J'eus nom Faifeu et n'est rien seulement
Fors vous donner ung advertissement
Qu'il fault mourir, rendre devant Dieu compte...
Faictes grant chère et priez Dieu pour moy
Qui m'a osté de tout mondain esmoy.
Par Hardouin qui fut de grant vallue
Faisans la fin en ce point vous salue,
Priant celuy qui fist ciel, terre et mer
Nous préserver de tout tourment amer,
Et vous doint grace, en ce péregrinage,
De Paradis acquerir l'héritage;
Le moys de may aux champs Hélysiens,
Où sont fluans tous fruicts ambrosiens,
Là où challeur aucun de nous n'estue
Et où le front jamais ne s'esvertue,
Où fain et soif n'ont aucune puissance,
Mais toute joye et parfaicte plaisance

Grace et amour.

Fin de l'espistre dudict Faifeu.

Io. Da. org.

Je reviendrai sur cette épître à propos de la biographie de Jean Daniel. Ce que j'en ai cité suffit pour la faire connaître et pour permettre d'apprécier la manière de l'auteur, son école poétique et ses inspirateurs. La légende de Faifeu est d'ailleurs d'un accès facile, et peut se trouver dans les mains de tous les curieux.

Il n'en était pas de même jusqu'à ces derniers temps de l'oraison funèbre du comte de Laval.

L'édition en était aussi rare pour le moins que celle des Noëls. Il y a quinze ans environ il n'avait jamais été question du texte de la curieuse plaquette de Jean Daniel, quand, en 1859 et en 1860, il fut publié deux fois successivement par le même éditeur, d'après une copie manuscrite. Mais, hélas! il ne le fut pas au mieux des intérêts de Jean Daniel, qui, cette fois encore, fut victime de la malchance, et se vit dépouillé par son éditeur de la paternité de son œuvre. Vous allez voir comment.

Il y avait à Laval, au xvi° siècle, un notaire curieux ; comme c'était la mode alors, comme le firent une foule de versificateurs de la cour d'Anne de Bretagne, il rédigeait en prose rimée ou en vers de greffier la chronique de son temps et de sa localité. Guillaume Le Doyen (c'est le nom de ce chroniqueur) était un collectionneur soigneux ; quand il rencontrait, chemin faisant, une pièce intéressante, soit en vers soit en prose sur les événements qu'il avait à raconter, il l'insérait dans son œuvre. Il compilait, compilait ; mais en tout bien tout honneur, en ayant soin de mentionner le nom de l'écrivain auquel il empruntait les pages qui venaient grossir sa chronique.

C'est ainsi qu'au milieu de son journal en vers, à la date de 1527 (folio 70, verso, et suiv. du manuscrit), il insère quatre morceaux en prose, copiés par lui d'après l'imprimé, sur la prise et l'assaut de Rome par le connétable de Bourbon, la mort de Semblançay, une victoire sur les Turcs par la vertu de la sainte Croix, une femme de Bordeaux emportée par le diable, comme il paraît l'avoir déjà fait antérieu-rement (folio 14, verso, et suivants) pour plusieurs chants historiques relatifs à la guerre de Bretagne de 1488, « la complainte sur la mort des Bretons pour la journée d'amprès Saint-Aubin-du-Cormier, la complainte des Bretons, la prinse de Foulgères, l'épitaphe du duc de Bretagne, François II (1). »

(1) Voir encore un peu plus loin, page 80 du manuscrit, « la venue de Mme Aliénor, royne de France, à Bayonne et les grands signes et ténèbres advenus à Rome. »

M. Eugène de Certain, *Bibl. de l'Ecole des Chartes,* 3me série, tome III, p. 361-363, avait déjà exprimé la pensée que tout le contenu du manuscrit n° 1081, Supp. Franc. de la Bibliothèque nationale, aujourd'hui Ms. Fr. 11512, n'était pas l'œuvre originale de Le Doyen. De ce que certaines

Parmi les pièces d'autrui qu'il intercale dans son œuvre se trouve précisément (page 82, verso, du manuscrit), *l'Ordre funèbre triomphant et pompe pitoyable tenue à l'enterrement de feu M. le comte de Laval et admiral de Bretagne et lieutenant du roi*, de Jean Daniel, dit maître Mitou. Le Doyen copie tout au long cette épître dans son manuscrit, en la faisant précéder et suivre du nom de son véritable auteur.

L'honnête notaire n'avait jamais pensé que des éditeurs, trop enthousiastes de sa personne, viendraient le revêtir des plumes du paon, et lui attribuer malgré lui la paternité de cette oraison funèbre.

En 1859, un archéologue de la Mayenne, M. de La Beauluère, publia chez Godbert, à Laval, le manuscrit de Guillaume Le Doyen ; un an plus tard, il fit paraître à part dans la *Revue d'Anjou et du Maine*, avec des commentaires plus étendus, le récit des funérailles du comte de Laval, Guy XVI, c'est-à-dire les vers de Jean Daniel, dit maître Mitou, détachés du manuscrit de Le Doyen. Mais, hélas ! M. de La Beauluère avait tellement les yeux fermés à l'évidence, que malgré les assertions de Lacroix du Maine, malgré celles des auteurs de *l'Art de vérifier les dates*, qui ne lui ont pas échappé, que dis-je ! malgré la présence sous ses yeux de plusieurs feuillets de l'édition originale du livre de Jean Daniel imprimé à Angers en 1531 (1), il s'obstina dans ses deux

poésies étaient insérées au milieu du journal de ce notaire versificateur, il ne s'ensuivait pas, disait-il avec raison, qu'elles dussent lui être attribuées. M. de La Beauluère, dans son édition de la Chronique de Le Doyen, n'a nullement cité la notice de M. de Certain et n'a pas eu les mêmes scrupules.

(1) Voir *Revue d'Anjou*, t. VI, 1860, p. 2. Je ne sais s'il existe quelque part un exemplaire complet de *l'Ordre funèbre triomphant* ; mais on voit à la Bibliothèque de Laval (réserve) 8 feuillets in-8°, en caractères gothiques, de 26 lignes à la page, faisant partie de cet ouvrage et trouvés en 1853, servant de feuilles de garde à un volume qui provient de l'abbaye de La Roë. Ces feuillets commencent au vers :

« Mais on ne sceut si bien faire les courses, »

et vont jusqu'à la fin de l'épître et de l'épitaphe copiées dans le manuscrit

publications et à bien des reprises différentes à ne pas reconnaître Jean Daniel pour l'auteur de la relation versifiée de la mort du comte de Laval. Il ne voulut voir dans ce nom qu'un pseudonyme du bon notaire Le Doyen ; ajoutant une seconde erreur, non moins singulière, à la première, il ne sut pas même lire le surnom de Jean Daniel et le défigura d'une façon plaisante. Le manuscrit de la *Chronique de Laval* qu'il avait sous les yeux (N° 11512, Fr. de la Bibliothèque nationale), et qui reproduit cette pièce de l'*Ordre funèbre*, la dit composée à Angers par maistre Daniel, *Al Mytou* (*aliter Mytou*, autrement dit Mytou). M. de La Beauluère, ne tenant pas compte de l'abréviation, lut *Al Myton*; et l'on va voir ce qui résulta de toutes ces erreurs (1).

Dès la page ix de son introduction, il cite Le Doyen comme l'auteur d'un long dithyrambe imprimé dans le temps sous le pseudonyme d'Al Myton. Parlant plus loin (p. 231) de la plaquette imprimée citée par *l'Art de vérifier les dates*, il dit : « C'est l'œuvre de Le Doyen insérée dans sa chronique.» Rapportant le titre ci-après, en le défigurant, comme je l'ai dit : « Aultre épitaphe du dict regraicté seigneur comte, *composée*

de G. Le Doyen. A la suite sont imprimés quatre vers qui ne se trouvent pas dans le manuscrit; ils terminent le verso d'un feuillet et étaient suivis eux-mêmes d'autres vers encore:

> « Richard, pour quelque vent que vos oyez venter,
> Soiez hardy tous jours faire imprimer
> Livres noulveaux; vitement les fault faire,
> Ou aultrement seray votre contraire.
> Car je me vieulx de ce faire vanter..... »

Il serait à propos de comparer les fragments imprimés et le Ms. de Le Doyen avec le texte de M. de La Beauluère, qui a rajeuni l'orthographe du manuscrit. Ses deux publications contiennent aussi de notables différences, sans parler de plusieurs erreurs de lecture (*fierté* pour *fierte*, etc.) et de nombreuses erreurs de ponctuation.

(1) D'où vient ce surnom de *Mitou*, et non de *Miton*, comme l'ont dit d'autres que M. de La Beauluère ? Dans la relation des funérailles du comte de Laval, au lieu de sa devise habituelle *Grâce et amour*, Jean Daniel emploie celle-ci : *Mitis sum*. Il y a sans doute là une allusion à son surnom, du genre de celles qu'on trouve dans les armes parlantes.

à *Angers* par maistre Daniel $\overline{Al}$ *Myton,* » il ajoute : « Al Myton
n'est point le nom d'un auteur angevin, comme on veut bien
le dire dans un ouvrage récemment publié. C'est un pseudonyme que prend Le Doyen notre chroniqueur, auteur de cette
relation imprimée à Angers en 1831, telle qu'on la trouve
dans son manuscrit original de la Bibliothèque *impériale* (1). »

C'est le cas de dire : *Indignor quandò bonus dormitet...*
Indépendamment même de la personnalité bien établie de
Jean Daniel, il suffisait de prendre la peine de lire cette
épître en la publiant, pour voir que les renseignements donnés
par l'historiographe-poëte sur son propre compte ne pouvaient
se rapporter au notaire Le Doyen.

L'auteur dit que le comte de Laval « l'avait nourri ès jeunes
ans. » Le Doyen, au contraire, était plus vieux que Guy XVI ;
il s'était marié dès 1481, alors que le comte de Laval, né
en 1473, n'avait encore que huit ans. L'auteur est clerc, il est
prêtre, il jure foy de prêtre ; il dit qu'un jour le comte le fit
venir à Vitré et lui parla *en secret* de certain point « touchant
« la conscience. » Le Doyen est un simple notaire, qui ne fut
jamais prêtre, et n'eut jamais l'honneur de donner des conseils
de conscience à son seigneur ni de vivre aussi intimement
dans sa familiarité.

Le récit des funérailles de Guy XVI est écrit en vers de dix
syllabes, et l'épitaphe finale en vers alexandrins, tandis que
la chronique de Le Doyen est composée en petits vers de huit
syllabes (2). Indépendamment de la différence du rhythme, on
pourrait aussi faire remarquer la différence du ton ; mais je
ne veux pas avoir l'air de surfaire Jean Daniel, tout supérieur
qu'il est, comme poëte, à Le Doyen, ce qui n'est pas, il est vrai,
un grand mérite. Ce serait au reste s'escrimer contre des

(1) Voir encore *Revue de l'Anjou et du Maine,* tome VI, 1860, p. 1,
231, etc.

(2) Le Doyen a écrit lui-même dans ce rhythme le récit de la mort
du comte qu'il intitule : « La pompeuse funéraille de Guy comte de
« Laval. » Voir *Annales et chroniques de Laval,* p. 231. C'est après qu'il
insère la relation de Jean Daniel.

moulins à vent que de vouloir combattre plus longtemps
l'erreur d'un estimable érudit, aveuglé par un amour trop
violent pour le bon notaire dont il publiait la chronique
versifiée. Que l'éditeur qui n'a pas eu, lui aussi, ses faiblesses
de cœur à son heure, lui jette la première pierre. Bornons-
nous à dire que Jean Daniel est bien et dûment l'auteur de
l'*Ordre funèbre* du comte de Laval, et remercions M. de La
Beauluère, malgré sa fâcheuse erreur, d'avoir mis cette relation
à la portée de tous par les deux publications qu'il en a successivement faites (1). Nous y puiserons plus d'un renseignement
biographique.

Quant à l'œuvre en elle-même, c'est à la fois un récit versifié
des funérailles de Guy XVI et un éloge de ce prince mort prématurément ; le tout, inspiré par une émotion sincère et non
de commande. Cette pièce, en somme, vaut ni plus ni moins que
les chroniques en vers de Meschinot ou de Molinet, de Jean
d'Authon, l'historiographe de Louis XII, ou de Jean Bouchet,
le panégyriste de Louise de Savoie, de François 1er et du sire
de La Trémouille. Elle peut figurer à côté de la complainte de
Guillaume Crétin pleurant « le trépas de feu Okergan, » et
du récit des funérailles d'Anne de Bretagne, par son hérault
d'armes Bretagne et son secrétaire André de La Vigne. On
peut dire même que maître Mitou paraît plus lisible, plus
naturel, moins prétentieux et moins insipide que beaucoup
de ces poëtes et d'autres rimeurs de la petite cour d'Anne de
Bretagne (2).

D'autres vers de lui, qui ne sont pas plus connus que l'épitre

(1) D'autres erreurs de M. de La Beauluère proviennent de la reproduction trop fidèle du manuscrit ; ainsi il est évident que le scribe a
défiguré le titre en écrivant : « L'ordre *funeste triumphante en* pompe
pitoyable tenue à l'enterraige de feu de bonne memoire très
hault, très-puissant, magnanime seigneur monseigneur le comte de
Laval..... etc. »

(2) L'épisode des voleurs coupeurs de bourses aux funérailles du
comte rentre tout à fait dans les cordes de Jean Daniel qui semble
aimer les récits plaisants.

placée en tête de la légende de Faifeu et que l'oraison funèbre
du comte de Laval, ce sont encore ses chansons. Le recueil qui
les contient, d'après les dires du *Manuel* de Brunet, ne court
pas les rues ; il est bien rare surtout de le trouver complet. Je
veux parler du *Recueil de chansons à quatre, cinq et six parties*, Paris, Adrian Le Roy et Robert Ballard, 1569-1583,
in-8° oblong, dont les divers livres, I à XXI, se rencontrent
si peu souvent réunis. Qu'un organiste, qu'un auteur des
noëls ait composé des chansons *profanes*, musique et paroles,
il n'y a pas lieu de s'en étonner, et j'aurai bientôt l'occasion
de signaler et d'apprécier plus longuement un fait semblable
à propos d'un autre auteur de noëls, contemporain de Jean
Daniel, le Manceau frère Samson Bedouin, religieux de l'abbaye de la Couture du Mans. C'est donc tout naturellement,
on peut le dire, que le nom de maître Mitou (1) vient prendre
sa place dans ces recueils de chansons à côté de ceux de Gou-
dimel, de Janequin, d'Arcadet, etc. Voici quelques échantillons de ses poésies les plus *profanes*.

La première chanson que je vais citer est extraite du
deuxième livre des *Chansons en quatre volumes nouvellement composées en musique à quatre parties par M. Pierre
Certon, maître des enfans de la Sainte Chapelle du Palays*,
à Paris, imp. Adrian Le Roy et Robert Balard, 1552. C'est
la quatrième chanson de ce livre, dont on a à la fois, comme
pour ses pareils, la partie de basse et celle de contre-ténor.
(Voir feuillet 6, verso.)

> Il a brulé la hotte, bretelles et tout.
>   Nous estions nous trois filles,
>   Toutes trois d'une vile,
>   La belle du bout.
> Il a brulé la hotte, bretelles et tout,
>   Bretelles et tout.
>   Toutes trois d'une vile,
>   Nous disions l'une à l'autre,

---

(1) On trouve aussi son nom écrit *Mithou* en tête de ses chansons.

La belle du bout,
Il a brulé la hotte, bretelles et tout.
Nous disions l'une à l'autre,
Mariez vous cousine.
Hélas! ma sœur je n'ose, la belle du bout.
Il a brulé la hotte, bretelles et tout,
Il a brulé la hotte, bretelles et tout,
Bretelles et tout.

Plus ne veus estre à la suite }
D'un aveugle sans conduite } (Bis.)
Et sans loy,
Et de bon cœur le tiens quitte de sa foy,
Qui m'a tant de fois jurée
Et si souvent parjurée
Que ne puis
De luy moins estre assurée
Que je suis...

Le même livre contient une autre chanson de Mitou à peu près sur le même ton (feuillet 8, quinzième chanson à la table).

Oyez tous amoureus,
Par amour je vous prie,
La peine et la langueur
Qu'on a pour une amye.
O sort! O sort! je ne suis pas tout seul, }
Qui vit en peine et en langueur. } (Bis.)

L'autre jour jouer m'aloye parmy ces chams,
En mon chemin rencontrai un vert galand.
Il hante à moy et moy à luy,
Il fut plus fort, il m'abaty
Maugré mes dens.
Maudit soit ce faus garçon qui bat les gens (1).

(1) Dans le sixième livre de ces chansons, page 5, se trouve une chanson bien connue de *Moulu*, nom qui figure parmi ceux des nombreux musiciens et psalteurs que Jean Daniel met en scène dans ses Noëls :

Au bois, au bois, Madame, }
Au joli bois m'en vois. } (Bis.)
Sçavez vous qu'il y a
Un nid, un nid, Madame ?
Un nid d'oiseau y a.

Mais voici, tirée du sixième livre, dit livre de *Chansons nouvellement composées en musique par bons et excellents musiciens* (1556), un autre chant de Mitou (p. 13), dont le sentiment et le style ne manquent ni de grâce ni de charme :

> Si me plaignois,
> Si me plaignois, y auroit apparence,
> Ayant du mal trop plus que ne puis dire,
> Si du subjet,
> Si du subjet je donnois cognoissance,
> Augmenteroit de beaucoup mon martyre.
> Fort le nyer est ce que je désire,
> Ne voulant point plus le faire apparoir ;
> Mais chacun jour mon mal si fort empire,
> Qu'en le taisant,
> Qu'en le taisant, mort le fera sçavoir.

Ces divers échantillons des chansons de Mitou, dont la dernière mérite de survivre, suffisent pour faire connaître son talent poétique, sinon son talent musical, et permettent de voir, en les comparant à ses autres poésies, comment il savait manier à la fois les différents genres et les différents rhythmes.

Cette reconnaissance des chansons de Mitou, de l'*Ordre funèbre*, de l'épître de Faifeu une fois opérée, il me restait à aborder son œuvre la plus curieuse, ses Noëls, révélés par La Monnoye et par le catalogue La Vallière.

La chose ne paraissait pas facile, puisque l'exemplaire provenant de la vente de M. le baron Pichon semblait unique. Le catalogue le donnait à entendre, et rien en effet ne donnait lieu de croire qu'il eût survécu d'autres recueils de Mitou que ceux du duc de La Vallière.

Il ne faut cependant jamais se décourager ni désespérer de découvertes inattendues. La bibliothèque du Mans possédait un curieux recueil de noëls, imprimé en caractères gothiques, qui, bien que déjà mis plus d'une fois à contribution, possédait encore des trésors inconnus.

J'eus le bonheur d'y trouver une édition des Noëls de

Jean Daniel, une édition restée inconnue à Brunet, et plus complète que celle des trois plaquettes réunies du duc de La Vallière, édition sans lieu ni date comme les recueils du célèbre bibliophile. C'était une bien précieuse rencontre. Je lus avidement ces noëls, non-seulement pour prendre une idée de ce qu'étaient ces vestiges retrouvés d'un genre de poésie d'ordinaire si vivante, joyeuse, émue, spontanée, et bien différente des œuvres artistiques et prétentieuses des poëtes de ce temps, mais pour y découvrir quelque lueur de renseignement biographique sur leur auteur, sur son pays, ses relations et son temps.

Sur ce dernier point, je fus déçu dans mon attente. A la différence des Noëls de Le Moigne, de frère Samson Bedouin et de Crestot, qui permettent du moins de connaître le pays de celui qui les a composés, l'œuvre était complétement impersonnelle (1). Les personnages appelés à figurer au divin berceau ne disaient rien sur leur lieu d'origine, ni sur celui de la scène où les conduisait le poëte pour rendre hommage à la Vierge et à Jésus enfant. A part le langage, indiquant le dialecte de l'Ouest, aucun autre indice ne permettait de préciser d'une manière un peu exacte le pays de Jean Daniel, qui, d'après ses vers, pouvait appartenir aussi bien au Maine qu'à l'Anjou et même au Poitou.

Avant d'étudier plus à fond l'œuvre du vieux rapsode, je voulus en savoir davantage sur sa personne. C'est le résultat de cette enquête que je viens communiquer aujourd'hui à ceux qui, comme moi, sont curieux de déchiffrer les énigmes littéraires que nous a léguées le passé.

Dans mon désir de recueillir autre chose que les quelques

(1) Rien qu'à voir les noms des localités qui figurent dans les Noëls de Le Moigne : Mortagne, Cholet, Fontenay, la Gaubretière, Iversay, la Blouère, Poitiers, etc., on aurait pu conclure en effet à l'origine poitevine de leur auteur. Les Noëls manceaux de Samson Bedouin, aujourd'hui regardés comme perdus, seront de ma part l'objet d'une publication qui suivra de très-près celle des Noëls de Mitou. Les Noëls de Crestot, dont je parle plus bas, indiquent qu'il était prêtre dans l'Ile de France.

miettes biographiques fournies par la relation des funérailles
du comte de Laval, j'allai tout de suite chercher à Angers la
piste de Jean Daniel. L'impression dans cette ville du récit
des funérailles de Guy XVI en 1531, sa dédicace à un seigneur angevin, très-hault et magnifique seigneur Gilles de
Laval, seigneur de Loué, La Haye en Touraine, Benais, etc.,
la composition même de cette pièce à Angers, comme le dit le
titre reproduit par Le Doyen, la présence des vers de Jean
Daniel dans l'œuvre de Charles de Bourdigné datant à peu
près de la même époque, ses relations intimes avec les
Angevins indiquées par cette dernière épître, tout me faisait
présumer que la capitale de l'Anjou devait conserver quelques
traces du passage de cet auteur oublié.

Cette fois, je ne fus pas trompé dans mon attente. Si je ne
pus rencontrer dans la bibliothèque d'Angers une œuvre
quelconque de Jean Daniel, j'eus du moins l'heureuse chance
de constater sa présence dans cette ville dans le premier tiers
du xvıe siècle, ainsi que sa qualité d'organiste et de prêtre.
Jean Daniel a été bel et bien organiste de l'église cathédrale
d'Angers et prêtre chapelain de l'église collégiale de Saint-
Pierre de la même ville.

En voici la preuve :

Le 18 octobre 1533, un incendie dévora les clochers de
l'église de Saint-Maurice d'Angers. Le 28 décembre, le Chapitre de la cathédrale appela les artistes et ouvriers compétents
à dresser l'état des ruines et le devis des réparations à faire.
Le procès-verbal de leurs dires existe dans de précieux manuscrits, qui après avoir été en la possession de M. le chanoine
Joubert, sont aujourd'hui la propriété de la fabrique de Saint-
Maurice ; le résumé en a été publié en partie par M. Godard-
Faultrier dans le *Répertoire archéologique de l'Anjou* (1). C'est
là que j'ai trouvé démontré d'une façon irréfragable le séjour
à Angers de notre auteur de noëls. D'après l'analyse de

(1) Voir *Répertoire archéologique de l'Anjou*, 1865, p. 73.

M. Godard-Faultrier, Jean Daniel, prêtre chapelain en l'église
collégiale de Saint-Pierre d'Angers, organiste, figure dans le
procès-verbal du 28 décembre 1533 avec un organifacteur.
Il déclare qu'il touche l'orgue de la cathédrale depuis huit ans
(c'est-à-dire depuis 1526), mais qu'il ne peut plus continuer
jusqu'à la réparation desdites orgues.

Le manuscrit de la fabrique d'Angers, que je désirai dès
lors consulter et dont les dires m'ont été obligeamment com-
muniqués par M. de Farcy, n'est guère plus explicite que
l'extrait de M. Godard-Faultrier. Il n'est du reste lui-même
qu'un résumé des rapports des différents artistes. Voici ce
qui a trait à l'organiste (1) :

« Vénérable et discret maistre Jehan Daniel, presbtre,
organiste et chappelain en l'église collégial de Monsieur sainct
Pierre d'Angers (2) et Jehan Provost organifacteur à présent
demourant en ladicte ville d'Angers, dient et rapportent par
leurs sermens sur ce faicts et prestés par devant vons
Monsieur le lieutenant général, advocat et procureur d'Anjou,
qu'ils ont congnoissance de l'égiise d'Angers dès le temps de
seze ans ou environ, et en icelle ils ont hanté et fréquenté,
mêmement ledict Daniel y a joué des orgues dès et depuis le
temps de huit ans ordinairement (3). »

Cette déposition, malgré son laconisme, est bien précieuse ;
c'est le renseignement biographique le plus étendu que nous
ayons sur Jean Daniel. Elle nous révèle sa qualité de prêtre et
de chapelain, l'église où il exerçait la profession d'organiste
qu'il annonce dans tous ses ouvrages et tout naturellement
dans ses Noëls, son séjour à Angers pendant huit ans, ou

(1) Ms. Eglise d'Angers, Fabrique, t. III, p. 454.

(2) Voir sur cette église, *Bulletin monumental de l'Anjou*, 1867-1868
p. 353; Péan de la Thuilerie, *Description de la ville d'Angers*, édition
Port, p. 299 ; M. Port, *Dictionnaire de Maine-et-Loire*, p. 59.
Elle était située sur une partie du terrain occupé aujourd'hui par la
place du Ralliement.

(3) Les orgues de Saint-Maurice, créées de 1511 à 1513 par Ponthus
Joussaulme, avaient été réparées en 1521 par Pierre Bret, du Mans,

commencement de 1526 à 1533, séjour remontant assurément même à une date plus ancienne, puisque les deux déposants disent qu'ils ont connaissance de l'église cathédrale « dès le temps de seize ans. » Enfin elle permet de croire qu'il n'était qu'un Angevin d'adoption ; car s'il eût été originaire d'Angers, il eût dit connaître saint Maurice depuis beaucoup plus longtemps. Telle qu'elle est, elle constitue le tuf de la biographie de Jean Daniel, le centre, le noyau autour duquel les autres documents viennent se grouper.

Les autres renseignements angevins inédits que je puis citer grâce à l'obligeance de M. Port, que je ne saurais trop remercier, sont cependant aussi fort curieux et viennent compléter les indications du procès-verbal de 1533. Ils démontrent qu'avant d'être devenu organiste de Saint-Maurice, Jean Daniel avait déjà rempli à Angers la même fonction et celle de psalteur dans l'église Saint-Pierre. Les registres du chapitre de cette collégiale, conservés aux archives de Maine-et-Loire, contiennent à cet égard de précieux documents.

Le 3 juillet 1521, il est conclu *quod Johannes Daniel psalter et organista dicte ecclesie (Sancti Petri) pro tactu organorum consequetur unam vestem competentem annuatim* [*centum soldos* (1)], *et de cetero celebret duas missas qualibet ebdomada.*

M. Port n'a trouvé, en remontant dans le registre du chapitre, aucune mention antérieure, ce qui, d'après lui, est étonnant, puisqu'on mentionne la réception de tous les psalteurs et ce qui est d'autant plus regrettable qu'on y mentionne toujours en même temps leur diocèse d'origine.

En mars 1523 (nouveau style), l'organiste est nommé Jean Gabriel, sans doute par erreur. On lui alloue quatre livres.

On lit à la date du 13 mai suivant :

Ad instanciam domini Johannis Danielis presbiteri, Mitou vulgariter appellati, organiste et psaltoris hujus ecclesie, se

(1) Ces deux mots sont barrés.

pro certis suis negociis ab hac ecclesia de proximo absentare
velle asserentis, in locum suum admiserunt Steph. Villecoq ad
deserviendum huic ecclesie per duos menses loci ipsius Danielis.

Daniel ne reprit probablement pas après cette absence ses
fonctions d'organiste à Saint-Pierre ou ne les exerça que peu
de temps, car le 12 février 1524 (n. s.), les chanoines de la
collégiale *recepiunt in psaltorem Leonardum Colinet presbi-*
terum Bituricensis dyocesis, loco de Mitou nuncupati. A partir
de cette date, qui est aussi celle du seul de ses recueils de Noëls
qui soit daté, il est désormais attaché à l'église Saint-Maurice.

Les documents qui ont trait à cette seconde période de sa
vie sont malheureusement moins nombreux, et s'arrêtent en
1533. On trouve inscrit dans les registres paroissiaux de
l'église Saint-Pierre un acte de baptême de cette année 1533,
dans lequel Jean Daniel figure comme témoin (1). On se rappelle qu'il se dit chapelain de cette église à la fois collégiale et
paroissiale.

Les censiers de l'hôtel-Dieu d'Angers contiennent simplement aussi l'indication de son nom, puisque la mention qui
s'y trouve se réfère à une époque postérieure à celle où il
payait la rente d'une maison de la rue Saint-Nicolas. Dans
le compte des cens, rentes et devoirs dus au prieuré, maison-
Dieu et aumônerie de Saint-Jean, de la Saint-Jean-Baptiste 1544
à la Saint-Jean 1544, on lit en effet, au chapitre de la recepte,
payable aux termes de Saint-Jean-Baptiste et de Noël par
moitié, pour la rue Saint-Nicolas, la mention suivante (2) :

« Maistre Jehan Loyseau, *pour maistre Jehan Daniel*
organiste, pour feu maistre Alman Papot, *pour une maison et*
jardrin sis en ladicte rue Sainct Nycollas, auxdictz termes
par moytié de rente, X sous (3). »

Le fait du long séjour de Jean Daniel, organiste à Angers,

(1) G. 3. 171, *Archives municipales d'Angers.*
(2) Hôtel-Dieu. E. 70, p. 4, *Arch. départementales de Maine-et-Loire.*
(3) Sur cette rue « d'artisans », voir Péan de la Thuilerie, *Description*
d'Angers, p. 436.

se trouve de la sorte solidement établi. Rien d'étonnant donc à ce que ses vers se rencontrent à côté de ceux de Charles de Bourdigné en tête de la légende de Pierre Faifeu. Charles de Bourdigné, ancien clerc psalteur de l'église Saint-Laud, de 1520 à 1522, était à la fois poëte et musicien comme lui et devint même aussi maire-chapelain à la cathédrale. Les deux chapelains avaient ainsi, par suite de leur âge, de leurs fonctions et de leur goût commun pour la musique et la poésie, plus d'un point de contact ; leurs vers comme leurs personnes pouvaient naturellement marcher de compagnie. Bourdigné avait pour patron l'abbé du Perray-Neuf, Jehan Allain, dont il était chapelain et qu'il payait en monnaie poétique. Quel était le patron de Jean Daniel ?

Il en fallait toujours un à ces clercs poëtes, plus riches de rimes que d'argent et qui sans la munificence d'un prélat ou d'un seigneur et le don de quelque bénéfice auraient vu de bonne heure leur verve se refroidir et devenir muette. La relation des funérailles du comte de Laval nous renseigne sur les protecteurs de Jean Daniel et nous donne sur son compte quelques renseignements complémentaires.

Dans cette longue épitre toute remplie d'une émotion sincère et vraie qui déborde à chaque ligne et embellit cette longue épitaphe, Jean Daniel nous révèle les motifs de la profonde douleur que lui cause la perte du comte de Laval Guy XVI, mort prématurément le 20 mai 1531, des suites d'un coup de pied de cheval qu'il avait reçu dans une chasse à l'oiseau dans la forêt de la Gravelle. « Le bon défunt » n'était pas simplement le père des Lavallois ; il avait été tout spécialement le bienfaiteur de Jean Daniel. Aussi notre poëte a, dit-il, de justes raisons de le pleurer :

> Perdant celluy las qui m'avoit nourry
> Es jeunes ans.....
> De grands regrets je languis et je meurs.
> C'estoit le bon des bons que je cogneusse, etc.

3

Ce comte de Laval, baron de Vitré, lieutenant pour le roi et gouverneur de Bretagne, Guy XVI, né en 1473, était presque Breton. Il avait succédé dans le comté de Laval à son oncle Guy XV (frère de Jeanne de Laval, veuve de René d'Anjou), mort en 1501 ; il était fils unique de Jehan de Laval, baron de La Roche-Bernard et de Jehanne du Périer, comtesse de Quintin, toujours restés fidèles à la cause bretonne dans les guerres avec la France. Il avait perdu ses parents dès l'âge de trois ans et, bien que placé sous la garde de son oncle Guy XV, avait passé une partie de son enfance près de son aïeul maternel et surtout à la cour de France, grâce à l'amitié d'Anne de Bretagne (1). Pour que Jean Daniel puisse dire que ce seigneur, mort à cinquante-huit ans, l'a nourri *ès jeunes ans*, il fallait qu'il fût relativement assez jeune en 1531, ce qui permet de penser que Guy XVI n'a dû le protéger qu'après être devenu comte de Laval.

Ces dires font en effet présumer que Jean Daniel pouvait être plus jeune de quinze ans au moins que son protecteur. L'affaiblissement de sa santé dont il parle en 1531, alors qu'il ne devait guère avoir que quarante ans, ne provient donc pas tant de l'âge que de sa douleur :

> Très hault seigneur, saiches que je ne puys
> Parler en plus que du profond d'un puys.
> Mon estomac à grant peine se ingère
> Lascher le cueur et plus rien ne dygère (2).

, (1) M. Marchegay a publié à deux reprises différentes une lettre du 9 juin 1493, de François Lesné, chapelain du seigneur de La Roche-Bernard, exposant à la veuve du roi René les grands besoins, à la cour de France, de son neveu et héritier présomptif Guy, seigneur de La Roche-Bernard (appelé aussi Nicolas de La Roche). M. de Blazon, protecteur du jeune seigneur, et M. de Vezins, dont il est question dans cette lettre, étaient tous deux Angevins; on voit par là que Guy XVI eut plus d'un rapport avec l'Anjou. — Voir *Société Archéologique de Nantes*, t. XII, 1873, p. 36, et *Revue de l'Anjou*, 1860, p. 378.

(2) C'est sans doute aussi la seule idée de la mort, imminente à chaque

Par les détails intimes que Jean Daniel donne sur le comte
de Laval, sur ses mœurs, sur sa manière de vivre, on sent
qu'il a dû approcher de sa personne, être de sa maison ou de
sa chapelle. Il était prêtre et instruit, deux titres de faveur
auprès de Guy XVI, qui aimait la religion et les gens de lettres :

> Il amoit gens sçavans et vertueux...
> Il desiroit avoir les gens d'esprit,

dit Jean Daniel, qui songe à lui peut-être, en parlant de ces
gens savants et vertueux.

Il raconte aussi que le comte de Laval l'appela un jour à
Vitré pour quelque cas de conscience :

> O bon seigneur, je te dis et relate
> Que quelque jours à Vietry me appola.
> Entre aultres cas, en secret me parla
> De certains points touschant la conscience
> Et louoit Dieu n'avoir la sapience
> De grant lectré et disoit avoir veu
> Maint grant docteur de bonté despourveu...

Il avait ainsi été par moments le confesseur, le directeur
du comte. Aussi a-t-il soin de déclarer à celui à qui il dédie
ses vers :

> O bon seigneur, pour nyent je diroye
> En mon espitre aucun cas que je sçaye
> Secrettement.

Ailleurs il ajoute :

> Je te promets, en saine foy de prebtre.

instant pour le chrétien, qui lui fait dire à propos des vertus du
comte :
> « Il faut ailleurs les mettre en ung beau livre
> Que je feray, si Dieu me donne vivre
> Encore ung an, et plus tost si je puys. »

Pour que Jean Daniel ait connu, comme cela paraît vraisemblable,
Hardouin Brehier, mort en 1506, il faut cependant qu'il ait été alors âgé
de quinze à vingt ans.

Ce qui, quand même il n'y eût pas eu le témoignage formel
de la déposition de Jean Daniel, suffisait amplement pour faire
reconnaître qu'il était dans les ordres.

La dernière femme du comte, Antoinette de Daillon, hono-
rait également de son intime confiance le chapelain de Saint-
Pierre d'Angers. C'est elle-même qui le pria de composer
cette relation des funérailles et cette oraison funèbre du mari
avec qui elle n'avait passé que bien peu d'années.

> Et me manda ung jour à la Gravelle,
> Ce fust le jour d'après l'enterrement,
> Où elle me fit exprès commandement
> Mettre cecy le mieulx que je pourroye.

Le pauvre organiste voulut en vain chercher à consoler la
noble dame et perdit lui-même l'esprit « à lui donner confort. »

Lié, comme il était, par la reconnaissance à la famille de
Laval, sa place naturelle était aux funérailles du comte, qui
lui avait peut-être fait obtenir la chapellenie dont il était
pourvu dans l'église collégiale de Saint-Pierre. Il n'est donc
pas étonnant qu'il ait un instant quitté Angers pour venir
rendre à Laval, le jour de la Saint-Gervais 1531, les derniers
devoirs à son protecteur, dont le corps fut inhumé avec une
splendeur royale dans l'église du chapitre de Saint-Thugal.
Il a grand soin d'ailleurs de ne pas oublier les Angevins dans
le récit de cette pompe funèbre, l'abbé de Saint-Aubin, Hélie
de Tinteniac, fils du seigneur du Percher, l'évêque de
Rouanne, révérend père en Dieu frère Jehan, religieux de
l'ordre des Ermites de Saint-Augustin du couvent d'Angers,
suffragant de révérend père en Dieu François de Rohan,
évêque d'Angers, qui, en 1524, avait présidé à la translation
des reliques de saint Gohard dans une châsse neuve dans l'église
de Saint-Pierre, dont Daniel était précisément chapelain (1).

_____

(1) Voir *Bulletin monumental de l'Anjou*, 1867-1868, p. 353. M. de
La Beaulière s'est trompé en désignant un autre personnage, Gilles de

La manière dont il s'étend longuement sur Laval indique aussi que cette ville lui était familière ; il parle de ses églises, de ses chapitres, de ses moines, en homme qui les connaît de vieille date. Il disserte longuement sur l'origine fabuleuse du nom de cette cité. Cela s'explique par ses rapports avec les divers membres de la famille des comtes de Laval. Guy XVI n'était pas, en effet, le seul seigneur de cette maison avec qui il fût en relation.

Le récit de ses funérailles est dédié à très-hault et magnifique seigneur Gilles de Laval, seigneur de Loué, Benais, Bressuire, Maillé, La Rochecorbon, La Haye-en-Touraine, La Motte-Saint-Heraye, et Pont-Château, vicomte de Brosse. Ce seigneur était établi en Anjou, dans le Saumurois ; il était petit-fils de Guy de Laval, seigneur de Loué, Benais, Montsabert, La Faigne et Marcillé, qui fut si étroitement attaché au roi René, le mari de Jeanne de Laval, et mourut sénéchal d'Anjou en 1484. Son père, Pierre de Laval, s'était marié avec Philippe de Beaumont, dame de Bressuire, ce qui l'avait rendu seigneur de cette ville ; son mariage avec Françoise de Maillé l'avait pourvu de vastes seigneuries en Touraine (1). Son « bon frère » Guy était seigneur de Lezay et assista aux funérailles de Guy XVI, ainsi qu'on le voit par l'*Ordre funèbre*. Si Daniel lui dédia son récit et non à Antoinette de Daillon, la veuve du comte, qui le lui avait commandé, peut-être y eut-il là un sentiment de convenance, de délicatesse, de respect du deuil de la jeune comtesse ; peut-être y eut-il aussi désir de se ménager un nouveau protecteur. Des liens d'ancienne date, comme l'indique le ton de l'épître, devaient exis-

Gauds, comme évêque de Rouanne. — Jean Daniel n'oublie pas non plus, en sa qualité d'organiste, de rappeler que

> « par accords
> Armonieux, les chantres de musicque
> Respondoient là le service autenticque. »

(1) Voir le P. Anselme, t. III, p. 636 et suiv., et Duchesne, *Histoire de la maison de Montmorency*, p. 605, 609.

ter entre Jean Daniel et la famille du seigneur de Loué, puissante à la fois dans l'Anjou, le Maine, le Poitou et la Touraine ;
mais, faute de connaître le lieu d'origine du poëte, on en est
réduit sur ce point à des présomptions. A partir de 1533 le
silence se fait sur la vie de maître Mitou. Attendit-il patiemment à Angers, où le retenait sa chapellenie, la réparation des
orgues de Saint-Maurice, ou bien alla-t-il exercer ailleurs
son talent d'organiste? c'est ce que je laisse à d'autres le soin
d'élucider, si c'est possible.

Voilà ce que je sais de Jean Daniel. A d'autres de grossir
la gerbe, maintenant que malgré de nombreuses lacunes sa
biographie est aussi complète que celle de plusieurs de ses
contemporains.

Telle que je l'ai restituée, son individualité est pour l'histoire littéraire de nos provinces de l'Ouest une acquisition
qui a certes bien sa valeur. La relation des funérailles du
comte de Laval, l'épître préliminaire de la légende de Faifeu,
à elles seules, le consacrent poëte à l'égal de Meschinot,
d'André de La Vigne, de Jean Marot et d'autres chroniqueurs
en vers de la cour d'Anne de Bretagne ; il est de leur école et
c'est d'eux qu'il procède. Il n'a pas toutefois la prétention
d'être leur égal, ainsi qu'on le voit par ce qu'il dit de Jean
Bouchet et de Jean d'Authon, en parlant de son protecteur (1) :

> Et si j'estois le roy des escrivans,
> Un Jean Bouchet ou le bon abbé d'Angle,
> Je requerrois une langue triangle
> A Jupiter, pour narrer en ce temps
> Ses grants vertus, comme je les entends.

(1) On remarquera que c'est dans le Poitou que Jean Daniel va chercher les écrivains qu'il considère comme les rois des poëtes. Jean d'Authon était mort en 1527, et Jean Bouchet lui avait consacré une épître
« contenant les regrets de la mort de frère Jean d'Authon en son vivant
abbé d'Anglo. » *Epistres familières* de J. Bouchet, LVII, feuillet xxxix,
verso. Jean Bouchet écrivit aussi l'éloge du Sire de La Tremouille, dont
le fils avait épousé Anne de Laval, fille de Guy XVI et de sa première
femme Charlotte d'Aragon.

Il dit n'être qu'un écrivain de circonstance. Il voudrait qu' « un meilleur enseigneur » célébrât les vertus du comte de Laval :

> Je cognoës bien qu'expert en ce ne suys
> Comme d'aucuns, qui ne font aultre chose.

Il appelle quelque esprit subtil à tirer parti plus tard de « son barbare écrit » et prie le seigneur de Loué de considérer sa bonne volonté, sans prendre garde à son rude langage. Son épitre en tête de la légende de Faifeu le montre cependant très-familier avec la littérature de son temps.

Il eût sans doute bien voulu, comme plusieurs des poètes qu'il vante, avoir une bonne abbaye au lieu de rester un pauvre chapelain. C'est ainsi qu'il dit du bonheur qu'il faut saisir à l'occasion :

> Je cognoës bien qu'il ne va pas tousjours,
> Ou bien il faict ailleurs trop long séjour.

Il s'élève contre « les grands clercs du monde » mieux pourvus de bénéfices que de piété :

> On voit les grants clers
> Mollement vivre, en villains faiz expers.
> Le plus souvent ils disputent des livres,
> Mais de bien vivre ilz ont les sens delivres ;
> Non pas tretous, il est de savans gens,
> De bonne vie et en mœurs diligens,
> Fort craignant Dieu et donnant bon exemple.
> Mais de ceux là on en voit peu au temple
> Bien colloquez ; ils sont *a remotis*
> En plusieurs lieux et vont vivant gratis.
> On le cognoist par vroye expérience,
> Ces bien vivans qui ont de la science
> N'ont pas les biens en l'église de Dieu.

C'était, du reste, le cri de tous les vrais catholiques, et

l'on se tromperait gravement en voyant là une boutade ins-
pirée par l'esprit de réforme. Personne n'est plus à l'abri de
cet esprit et en dehors des novateurs que le bon Daniel. Ce
qui le caractérise, ce qui est le vrai cachet de son œuvre,
c'est son profond amour de la religion et sa haine de l'hérésie. Ses Noëls ne sont pas autre chose qu'un cri d'alarme en
face des progrès des hérétiques, un cri de rappel au bercail des
brebis prêtes à se laisser égarer et séduire par les novateurs,
un cri de prière à Dieu pour qu'il prenne en pitié la pauvre
France. Ces pieuses chansons ne sont pas les seules poésies
où il exprime ses ardentes convictions et son dévouement à la
cause catholique. Son épître en tête de l'œuvre de Bourdigné (1), de même que sa relation des funérailles du comte
de Laval, ainsi qu'on vient de le voir, respirent la haine
vigoureuse qu'il nourrit contre les hérétiques qui venaient
attaquer la vieille foi de ses pères.

En 1531, dans cette épître à propos du docteur Pierre
Bourreau, il dit des nouveaux sectaires dont ce savant docteur avait été l'adversaire :

> Vous les souffrez et voyez bien les maulx
> Que vous avez, tant longz et anormaulz
> Depuis le temps de leur meschante secte,
> Que l'air en put et la terre se infecte :
> Et plus auront au monde auctorité
> Et plus aurez longue sterilité,
> Guerre craintifve et horrible famine,
> Qui tant vous runge, abbat et examine.
> Vous avez bien les cœurs adamantins
> De soustenir ces boucs, puants mastins,
> Lutériens et doctes en paincture,
> Faulx monnoyeurs de la sainte Escripture,
> Qui par tous poinctz ont quis et ramassé
> Toutes erreurs mises du temps passé.

(1) On peut la considérer comme un correctif des bouffonneries et du
cynisme de Bourdigné ; il est vrai que celui-ci même prie Dieu de
translater ses lecteurs en son haut paradis.

Ce sont meschans apostats attisez
Céditieux, poignans, mal baptisez......
Dont vous avez grant playe et punaisie.

Il adjure ses contemporains de recourir à Dieu et de prier la Vierge de porter remède aux misères de la France. C'est le refrain véritable de ses Noëls, qui ne sont pas un pur jeu poétique, comme il en advint dès avant le commencement du xvii° siècle, mais bien un élan de son cœur vers Jésus enfant et la douce Vierge sa mère. En les composant, l'auteur voulait certes faire une œuvre de chrétien et de prêtre plutôt qu'une œuvre de poëte.

Il faut enfin en venir à ces poésies qui constituent le principal droit de Jean Daniel à l'estime de la postérité.

Le titre qu'elles portent dans l'édition restée dans l'ombre jusqu'à ce jour et que je signale à l'attention des bibliophiles, indique bien la préoccupation et le but de notre auteur :

NOELZ NOUVEAULX.

Chansons nouvelles de Nouel
Composées tout de nouvel,
Esquelles verrez les praticques
De confondre les hereticques.

Composées par Maistre JEHAN DANIEL, organiste, dit Maistre MITOU.

Mais qu'est-ce que cette édition ? quelle peut être sa date ? est-elle antérieure ou non aux recueils La Vallière ? quelle est sa ressemblance avec eux ? Des presses de quelle ville peut-elle être sortie ?

C'est un petit in-8° gothique, de 26 lignes à la page, sans lieu ni date, sans pagination, mais avec signatures. Le titre est suivi de la table des chansons, sur l'air desquelles se chantent les noëls. Cette table occupe le recto et le verso du premier feuillet. Elle indique trente-quatre chansons, c'est-à-dire trente-quatre noëls qui se trouvent tous en effet dans le recueil ; de plus ils sont suivis d'un trente-cinquième noël non indiqué à la table, et qui termine ce volume malheureusement incomplet. Le feuillet qui manque (le feuillet Jiiij) étant le dernier d'un cahier, on peut présumer sans témérité qu'il était le dernier du recueil qui devait avoir 36 feuillets en tout (1).

Cette édition des Noëls de Jean Daniel, contenant trente-cinq noëls, en renfermait donc un nombre plus grand que les trois plaquettes du duc de La Vallière, qui à elles trois n'en contenaient que vingt-cinq (2).

Restait à savoir si les Noëls du duc de La Vallière, à part la question de nombre, se retrouvaient dans cette édition restée inconnue même à Brunet. L'obligeance et la courtoisie de M. le comte de Lignerolles, que je ne saurais trop remercier, m'ont permis de résoudre cette question de la ressemblance des deux éditions.

Le n° 660 du catalogue du baron Pichon, c'est-à-dire le recueil *S'ensulvent plusieurs Noels..... esquelles verrez les praticques de confondre les hereticques*, qui contient 24 lignes à la page et six noëls, renferme les six premiers noëls de l'édition de la Bibliothèque du Mans, dont voici les airs indiqués :

        SUR: *Secourez moy ma dame par amour.*
        SUR: *Maistre Jehan du pont allès.*
        SUR: *La chanson de la grue.*
        SUR: *Hau Margot liève la cuysse.*
        SUR: *Plaisir n'ay plus que vivre en desconfort.*
        SUR: *Je ne sçay pas comment.*

Dans le n° 658, le seul daté (1524): *Chantzons sainctes pour vous esbattre*, contenant huit noëls, et 26 lignes à la page, on trouve les huit noëls qui dans l'édition du Mans viennent immé-

(1) C'est ce que prouvent en effet d'autres éditions des Noëls de Daniel, dont je parlerai plus bas et qui m'ont permis de compléter les lacunes de ce recueil auquel manque aussi le feuillet J.

(2) Savoir : Le n° 658, *du catalogue Pichon*, 8 noëls.
      — 660   —   6
      — 662   —   11
                      25 noëls.

diatement après les six premiers, c'est-à-dire les noëls 7 à 14,
dont voici les airs :

    SUR : *Puisqu'en amours est si beau passe temps.*
    SUR : *Trop enquerre n'est pas bon.*
    SUR : *Ma bien acquise.*
    SUR : *Une bergerotte.*
    SUR : *Las baisez moy au départir.*
    SUR : *Il est conclud par ung arrest d'amours.*
    SUR : *S'il est à ma posté.*
    SUR : *Je demeure seulle esgarée.*

Le recueil 662, *Noelz joyeux plain de plaisir*, contient
onze noëls ; il a 26 et 27 lignes à la page. Dans cette plaquette on a ménagé l'espace ; depuis le milieu environ on y a
imprimé les noëls à deux colonnes pleines dans la même page.
Elle se termine même par une chanson imprimée en plus
petits caractères, qui contient 34 lignes sur un seul feuillet,
recto et verso.

Dix noëls de ce recueil sont communs avec l'édition du Mans ;
ce sont ceux qui dans cette édition portent les numéros 25 à 34
et dont voici les airs :

    SUR : *Allez luy dire, allez luy demander.*
    SUR : *Mon mary n'a plus que faire.*
    SUR : *Dieu te gard bergière.*
    SUR : *Hurelugogu quel douce dance.*
    SUR : *Qui en amour veult estre heureulx.*
    SUR : *Sur ce mignon qui va de nuict.*
    Aultre chanson poytevine à plaisir.
    SUR : *En contemplant la beaulté de ma mye.*
    SUR : *Jamais ne m'adviendra.*
    SUR : *D'ou venez vous ma dame Lucette.*

La cnzième et dernière chanson du n° 662 : *S'ensuit
une belle chanson..... de grant valeur sur la chanson de
l'Oublieur qui est de la vieille faczon,* manque au recueil du
Mans. Tout porte à croire qu'elle a été, pour ainsi dire, sur-
ajoutée au recueil La Vallière, pour ne pas laisser en blanc la

dernière feuille du cahier final et elle ne semble pas être de Jean Daniel (1).

En tout vingt-quatre noëls sont communs aux deux éditions. Dix noëls de l'édition du Mans ne se retrouvent pas dans les trois recueils La Vallière, seuls indiqués comme l'œuvre de Jean Daniel. Ce sont les dix qui dans cette édition portent les numéros 15 à 24 et dont voici les airs :

> Sur : *Au boys de dueil.*
> Sur : *Qui la dira la douleur de mon cœur.*
> Sur : *Mauldit soit-il qui fist amours.*
> Sur : *Je m'y repens de vous avoir aymée.*
> Sur : *Baisez moy tant tant.*
> Sur : *Amy souffrez que je vous ayme.*
> Sur : *Le trihory de la basse Bretaigne*
> Sur : *Dictes moy belle voz pensée.*
> Sur : *La belle tire lire.*
> Sur : *Mon petit cueur hélas!*

Les recueils La Vallière n'ont pas enfin le noël 35e et dernier de l'édition de la Bibliothèque du Mans :

> . Sur : *S'esbahist on se j'ay perdu mon tainct,*

(1) Elle se retrouve en effet dans plus d'une plaquette du temps. En voici le début ;

> « Destoupez trestous vos oreilles,
> Vous orrez racompter merveilles,
> Du Sauveur la Nativité.
> A ce sainct jour faisons veille ;
> Ne dormons point, qu'on se reveille,
> Joyeusement chantons Noël... »

On la rencontre (*Noël nouveau sur la chanson de l'Oublieur*) dans un recueil gothique in-16, comprenant 40 feuillets et 5 cahiers, 26 lignes à la page, non folioté, avec table au commencement, et commençant f° A ij v° par le Noël sur l'air : *Da nobis tu es un bon compagnon,*

> « Tous d'un commun accord par grand dévotion, »

et finissant par : *Sur Madame Jehanne.* On la trouve aussi « s'ensuit une belle chanson nouvelle de grand valleur sur la chanson de l'Oublieur qui est de la vieille faczon. » au feuillet Bij d'un recueil gothique in-8°, sans lieu ni date, de 25 lignes à la page, formé de 20 feuillets dont un grand nombre manque, et contenant de nombreux noëls manceaux.

On voit encore dans un autre recueil un noël composé sur une chanson d'Oublieur : Air : *hélas que feray-je moi qui suis,* etc.

air qui, je l'ai déjà dit, n'est pas indiqué à la table des chansons de cette édition. Quant à la chanson de l'Oublieur,
ne paraissant pas, je le repète, être de Jean Daniel, elle est la
seule des Noëls La Vallière qu'on ne retrouve pas dans l'édition du Mans.

Qu'y avait-il de plus judicieux à conclure de cette comparaison ? C'est qu'outre les trois recueils La Vallière il en
existait un quatrième, contenant le complément de l'œuvre de
Daniel et confondu aujourd'hui avec les nombreux noëls sans
nom d'auteur du commencement du xvi° siècle. Il était même
permis de présumer que la quatrième plaquette, qui faisait
défaut en apparence, était un des recueils anonymes figurant
à côté des Noëls de Daniel au Catalogue du duc de La Vallière
et du baron Pichon.

Je pensai d'instinct que ce devait être le n° 657 du Catalogue
de M. le baron Pichon :

> *Chansons joyeuses de noel*
> *Très doulces et recréatives*
> *Singulieres, supellatives*
> *Et sont faictes d'assez nouvel.*

petit in-8° goth. de 8 feuillets, contenant *dix noels*. Cette présomption n'était pas vaine et, grâce à l'obligeance de M. le
comte de Lignerolles, j'ai pu m'assurer que ce recueil était
bien de Jean Daniel. Il porte à la fin la signature de l'organiste d'Angers *Io. Da. organista*, tout comme l'épître placée
en tête de la légende de Pierre Faifeu, ce qui avait échappé à
la fois aux bibliothécaires du duc de La Vallière, à Brunet, à
l'éminent président de la Société des Bibliophiles et à M. de
Lignerolles lui-même (1). Il comprend les dix noëls qui ne
figuraient pas dans les trois plaquettes indiquées ci-dessus et

---

(1) La signature de Jean Daniel varie dans chacune de ses œuvres ;
tantôt elle est abrégée comme ici, tantôt elle porte *Jo. Danielis*, tantôt
Jo. Daniellus. La qualité d'organiste et le surnom de Mitou font aussi
parfois défaut.

qui correspondent à ceux que contenait en plus l'édition de la Bibliothèque du Mans (1).

Cette édition du Mans, à mon avis, est une réimpression de ces quatre recueils parus d'abord successivement et à des temps différents (2). D'instinct, ceci me semble indiscutable. J'ajoute que les recueils La Vallière par leurs abréviations paraissent avoir un caractère plus archaïque que celui du Mans.

Si l'imprimeur de cette édition choisit pour son livre un seul des titres des quatre recueils précédemment parus, c'est que celui de son choix était sans doute le titre des noëls les premiers publiés, ou bien que, par l'annonce de chansons « composées tout de nouvel et dirigées contre les hérétiques », il flattait davantage le goût du peuple toujours épris de nouveautés et était en même temps une arme de guerre et de circonstance contre les huguenots devenus plus redoutables que jamais.

De quelles presses sont sortis les recueils La Vallière? quelle est la date de leur impression?

Il est bien difficile, pour ne pas dire impossible, de répondre à la première question. Les caractères d'imprimerie, même les lettres fleuries des différents imprimeurs étant alors pour la plupart du temps les mêmes, il faudrait une minutieuse comparaison avec d'autres noëls ou d'autres plaquettes du temps, rarissimes, hélas! pour arriver à une présomption

(1) Je ne sais pourquoi ce recueil est le seul de Jean Daniel admis à figurer (sans indication de l'auteur, bien entendu) dans l'ouvrage, si incomplet du reste, de Quérard, publié par M. Gustave Brunet, Bordeaux, 1872, *Livres perdus et exemplaires uniques*, voir page 16. On n'y indique en outre parmi les recueils du n° 3081 du catalogue La Vallière que les *Noëls du Plat d'argent* et les *Grands Noëls*... vendus par Jacques Nyverd. Voir pages 48 et 71. Je doute que ces deux recueils, et surtout le dernier, aient plus de droits à figurer dans ce livre que leurs pareils.

(2) C'est ainsi qu'à la fin du xvıᵉ et au commencement du xvııᵉ siècle, le chanoine Toussaint Leroy faisait paraître au Mans presque chaque année de nouveaux Noëls, qui plus tard furent tous réunis dans une édition complète. L'imprimerie aimait alors à reproduire chaque année de nouveaux noëls comme de nouveaux almanachs.

spécieuse. Un des recueils porte la date de 1524. La Monncye
dit que plusieurs Noëls de Daniel ont été précisément imprimés en 1524 chez le célèbre imprimeur Jean Olivier. Si
c'était de ce recueil qu'il voulait parler, nous aurions le nom
de l'imprimeur des quatre recueils de J. Daniel ; car ils
paraissent sortir tous des mêmes presses et ont un air de
famille, si je puis dire, ressortant de l'uniformité des caractères et de la disposition des titres (1). Un seul (le n° 657, cat.
Pichon) a le premier mot de son titre, *Chançons*, composé en
lettres romaines ; aucun n'a d'apparence de marque d'imprimeur (2).

Quant à la date, le n° 660, placé en tête des Noëls dans
l'édition du Mans, pourrait bien être quelque peu antérieur
au recueil qui suit daté de 1524 (le catalogue Pichon le
disait composé vers 1520). Les autres recueils durent suivre
d'assez près.

On peut d'ailleurs, d'après le texte des noëls eux-mêmes,
leur donner une date assez précise.

(1) On pourrait comparer avec profit ces Noëls avec ceux imprimés
par Jehan Olivier, tels que ceux du *Plat d'argent* et les *Noëls noubeaulz
imprimés nouvellement,. On les vend à Paris en la rue Saint-Jacques, à
l'enseigne* de Saint-Martin *en la maison de Jehan Olivier*, petit in-8° gothique de 8 feuilles. La table indique cinq chansons et plusieurs autres,
Voici les airs des cinq premières :

   Sur : *Maître Jean.*
   Sur : *Debout Collin Manollet hau haulet.*
   Sur : *Une vierge pucelotte.*
   Sur : *Nostre chambrière.*
   Sur : *Que dit-on en France.*

En tête des *Noëls du Plat d'argent* on lit de curieux vers, qui contiennent une piquante allusion à l'enseigne et à la marque de Jean Olivier.

(2) Un seul (*Chançons sainctes*, n° 658) a un écu (sans tenants) semé
de fleurs de lys, l'écu de France, placé sans symétrie, à droite et au bas
de la page du titre. Est-ce une marque typographique analogue à celle
d'Antoine Vérard, ou bien une marque du possesseur du livre ? Que
l'on se rappelle les *Grands Noëlz*, vendus rue Neuve-Notre-Dame à
l'enseigne de l'*Escu de France*. — Il y aurait aussi lieu de rechercher
quelles étaient les presses auxquelles les Angevins confiaient de préférence alors l'impression de leurs livres.

Deux soucis préoccupent l'auteur : les commencements de l'hérésie et les besoins de la paix. La paix et l'union des chrétiens, voilà ce qu'il désire ardemment pour mettre fin aux malheurs de la France ; il revient constamment sur ce double désir de la fin de la guerre et de la détresse de la patrie qu'il attribue à l'hérésie :

> S'esbahist on si malheur est attaint
> Et qu'on voit France tant diffamée
> D'avoir perdu la fleur tant renommée,
> C'est par erreur qu'on souffre qui nous tainct.
> Noel !
> Chantons Noel, priant de cœur non fainct
> Que plus ne soit hérésie estimée,
> Et les villains qui par tout l'ont semée
> Puissent avoir de brief le bruyt estainct.
> Requerons Dieu ceste saincte journée
> Que seure paix soit en France ordonnée
> Et notre Roy soit avec nous emprainct.

On lit dans le Recueil daté de 1524 :

> Supplions Dieu, tous pauvres indigens,
> Que bonne paix vueille en France reduyre,
> Au noble roy François aucun ne puisse nuire
> Et a la fin pardonne aux négligens (1).

Cette pensée reparaît sans cesse dans ses vers :

> Or faisons prière
> Au petit enfant
> Que sous sa bannière,
> Aillons triumphant,
> Et paix singulière
> Vienne maintenant.

---

(1) La fibre nationale vibre également dans les Noëls de Lucas Le Moigne, qui montrent de même l'union intime du patriotisme et de la religion. Voir, entre autres, p. 55 de l'édition du baron Pichon :

> « Fay nous avoir victoire des Angloys,
> Garde de mal le noble roi Françoys, »

Il invite la Vierge à demander la paix à son Fils pour notre pays :

Compose o luy que paix nous soit donnée.

Ces passages et d'autres que je pourrais citer indiquent, sans parler des débuts de l'hérésie qui en limitent aussi le commencement, cette période de guerre s'étendant depuis les revers de François Ier jusqu'à la paix de Cambrai en 1829, et dont la plus grande douleur pour la France fut la perte de la bataille de Pavie et la captivité de son roi, déjà précédées de la misère souvent déplorée de l'année 1823.

Quant à l'édition de la Bibliothèque du Mans, comme elle n'est qu'une réimpression, sa date n'a qu'un intérêt bibliographique. La connaissance du lieu où elle a été imprimée serait certes bien plus intéressante, et indiquerait où s'était maintenue avec persistance la popularité des Noëls de Jean Daniel.

L'auteur de la *Bibliographie du Maine*, Desportes, qui avait fort peu de scrupules bibliographiques, a dit ces noëls imprimés au Mans en 1545 ; d'autres Manceaux l'ont répété après lui.

Pourquoi cette date ? pourquoi cette ville ? Desportes a rapporté cette édition à 1545, uniquement parce que dans le précieux volume de Noëls de la Bibliothèque du Mans qui contient (je suis le premier à le révéler) neuf recueils ou bien plutôt neuf fragments de recueils différents et de diverses dates (1), les Noëls de Mitou viennent immédiatement après le recueil des Noëls de Denisot, le célèbre comte d'Alzinois, imprimés en 1545. Ces noëls de Denisot ont été imprimés sans indication de lieu ; mais on peut, sans trop grande témérité, les présumer sortis des presses d'un imprimeur de la ville du Mans, pays de l'auteur encore assez jeune alors (2). Quant à

(1) Je ferai prochainement de ce recueil, à propos des Noëls de Samson Bedouin, l'objet d'une étude particulière qu'il mérite à tous égards.

(2) L'article consacré à Denisot par Lacroix du Maine est même une présomption en faveur de l'impression des Noëls au Mans. Il cite ses

ceux de Jean Daniel, on voit que l'allégation de Desportes ne manquait pas d'une certaine témérité. Y a-t-il entre les caractères des Noëls de Denisot et ceux de Mitou une certaine similitude qui permette d'attribuer les deux recueils au même imprimeur ? C'est là le seul jalon qui puisse guider dans l'attribution à des presses locales des Noëls de maître Mitou.

Cette ressemblance existe très-réellement. Il y a entre les deux recueils une analogie typographique incontestable. La justification est la même, 26 lignes à la page; les caractères sont identiques et la forme tortillée des S initiales dans les deux recueils frappe tout d'abord. Les lettres fleuries appar-tiennent au même alphabet (1).

L'impression des Noëls de Denisot semble seulement posté-rieure à celle des Noëls de l'organiste angevin. Les caractères en sont plus fatigués; on y voit aussi des caractères romains dans le titre et à l'argument qu'on ne trouve nulle part dans Daniel. On sait qu'ils se terminent ainsi : « Cy finissent les Noelz nouveaulx *composez* par le conte d'Alsinoys pour *l'an mil cinq cens qurante cinq.* »

En acmettant que les deux recueils sont sortis des mêmes presses, on peut dire *à priori* qu'ils ont vu le jour au Mans; car il y a probabilité que les premiers Noëls de Denisot ont été imprimés dans le lieu d'origine du jeune poète. Comme je

cantiques de 1553 imprimés à Paris chez la veuve de Maurice de la Porte, un livre de prières à Dieu, imprimé à Paris et autres lieux ; puis il ajoute : « il a écrit plusieurs autres cantiques et Noëls autres que les susdits, *imprimés au Mans.* » Je ne sais s'il existe d'autres exemplaires de l'édition des Noëls de Denisot de 1545 que celui de la Bibliothèque du Mans. La réimpression qui a été faite sur cet original au Mans, en 1847, par les soins de M. de Clinchamp, n'est qu'une pure reproduc-tion sans commentaires. Les notices consacrées à Denisot par MM. Boyer, Rathery et Hauréau n'ont pas non plus abordé ce point intéressant.

(1) Notamment B et N. Les lettres fleuries sont beaucoup plus abon-dantes dans Denisot. Dans ses noëls il n'y a qu'une seule lettre initiale qui ne soit pas fleurie, tandis qu'au contraire dans Daniel on n'en voit que trois qui le soient. Je me hâte de dire qu'on trouve les mêmes lettres fleuries dans d'autres noëls du temps imprimés à Paris, et qu'il s'agit ici d'une présomption et non d'une preuve.

l'établis ailleurs, leur imprimeur fut sans doute Denys Gaignot, naguère libraire et imprimeur à Paris, qui était venu transporter ses presses au Mans de 1541 à 1544 (1). Ces Noëls de Denisot et de Mitou seraient ainsi un des premiers produits de la typographie mancelle.

Il n'y a pas lieu de s'étonner que les recueils de Mitou aient été réimprimés à la porte de l'Anjou, dans une province qui plus que toutes les autres se passionna pour ces chants si empreints de foi et de gaieté. Aussi, dans les bibles de noëls ou dans les recueils postérieurs imprimés dans le Maine jusqu'au milieu du xvii° siècle, trouve-t-on des vestiges toujours subsistants des Noëls de Jean Daniel.

Au reste, la popularité de ces pieuses chansons fut des plus grandes et ne demeura pas concentrée dans les limites de nos provinces de l'Ouest. Chose curieuse et jusqu'ici restée inaperçue, on retrouve les Noëls de Jean Daniel réimprimés dans plusieurs recueils gothiques publiés à Paris pendant le xvi° siècle.

On les voit notamment dans un volumineux recueil de cent soixante feuillets, in-16, de 27 lignes à la page, où on lit à la fin : Cy finent les grans Noelz nouvellement imprimées à Paris pour Jehan Bonfons, demourant en la rue neusve Nostre Dame à l'enseigne Sainct Nicolas. Au haut du recto de chaque feuillet, on lit Noelz nouveaux, et au bas du commencement de chaque cahier L. G. N. (les grands Noëls).

Dans ce recueil bien curieux, où à côté de beaucoup de noëls anonymes, on trouve des noëls du recueil de Lucas Le Moigne, mais disséminés sans ordre au milieu d'autres, et ne portant pas le nom de leur auteur, on rencontre, chose rarissime, des noëls signés. Plusieurs, entre autres, sont signés Y. L. Crestot presbiter. On voit cette signature au bas de noëls qui se

_____

(1) On remarque même la similitude des lettres initiales des Noëls de Daniel avec celles des Noelz nouveaulx pour 1554, imprimés au Mans par Denys Gaignot, et dont Richelet a donné une soi-disant reproduction, qui n'est autre chose qu'une triste et déplorable mystification.

rencontrent assez souvent dans les recueils du temps, tels que :

> Celle digne accouchée,
> Qui de Dieu fit portée
> Neuf mois entièrement.

Ou bien :

> Faut il que je vous chante
> Encore une aultre foys,

et plusieurs autres. Mais, ce qui est une piquante révélation, c'est qu'on la trouve au bas de ce noël de l'Ile de France si connu et si défiguré aujourd'hui :

> Mes bourgeoyses de Chastres
> Et de Mont le Héry,
> Menez toutes grant joye
> Ceste journée icy.

Je me contente de signaler en passant cette découverte. Toutefois ces Noëls de Crestot, prêtre sans doute de Châtres ou de Montlhéry, sont disséminés eux aussi à tort et à travers, parmi d'autres chansons anonymes, depuis le commencement du recueil jusqu'au folio xxxvii (1). A ce feuillet xxxvii, au bas de la page, commence au contraire la suite non interrompue des Noëls de Jean Daniel qui vont jusqu'au folio lxix, verso, et sont au nombre de trente-cinq.

Rien n'indique le changement d'auteur, si ce n'est qu'au lieu du nom de Crestot, on lit au bas de chaque noël : *Jo.*

---

(1) Parmi les noëls anonymes se trouve au folio 137, verso, un noël évidemment manceau sur : *Or sus bouvier Dieu te doint bonne estraine :*

> « Seigneurs grands et petits
> *De la conté du Maine,*
> Or levez sus, ne dormez plus,
> C'est assez sommeillé.
> Que Noel soit chanté,
> Car la feste s'approche.
> Naulet, Noel roy du ciel
> Sera au lundy nay
> D'une belle pucelle, etc. »

Danielus organista, Grâce et amour. Ces noëls, qui ne sont précédés d'aucun titre, viennent dans le même ordre que dans le recueil de la Bibliothèque du Mans et contiennent le noël 35e de cette édition :

S'esbahit-on si malheur est attaint,

qui manque aux recueils La Vallière.

Le principal changement qui mérite d'être noté (1), c'est que le noël 25e de l'édition du Mans qui se trouve aussi dans La Vallière :

Sur : *Allez lui dire, allez lui demander.*

Vivons en joye, ne soit deuil affermé,

manque ici et est remplacé par un autre noël, figurant comme le neuvième de ceux de Daniel dans le recueil de Bonfons, et que je reproduis ici :

AUTRE NOEL SUR LA CHANSON : *Partyr my fault.*

Partir me fault d'icy mon bien et seul espoir ;
Car oncques mais je n'eus en vous aulcun espoir,
A ce département tout mon cœur je vous donne,
Hélas, changez le moy et me faictes personne
Si bien vivant en vous que face mon debvoir.

Si vous voulez sçavoir quelles sont mes promesses,
Je vous fais asçavoir que suis à vos adresses,
Prest et appareillé à tousjours vous servir.
Aultre chose ne quiers, sinon bien desservir,
Et vostre saint amour tenir en mes destresses.

Dame, voicy le temps auquel vous enfantastes
Et vostre cher enfant du ciel venu donnastes

(1) Je remarque aussi une légère interversion. Les Noëls 5, 6 et 7 du recueil de Bonfons correspondent aux Noëls 6, 7 et 5 du recueil du Mans. La chanson de *l'Oublieur* n'est pas non plus dans ce recueil. Enfin le Noël 30, bien que se chantant sur le même air ; *Ce mignon qui va de nuict,* est différent; il est emprunté à Le Moigne et commence ainsi :

Chantons à ce Noël joly,
Grans et petis joyeusement.

A tous pauvres humains, pour en avoir salut,
Dont doit chanter chascun saulveur qui valut
Tant pour nous rachapter qu'en vos bras l'alectastes.

   Quand voulustes adonc enfanter en lyesse,   [blesse.
Les pastoureaulx des champs vindrent veoir la no-
Vostre enfant ont trouvé entre deux bêtes brutes,
Lequel l'ont adoré et pendant que vous jûstes
Trois roys y sont venus en triumphant adresse.

   Nous vous prions de cueur et très bonne pensée
Que vostre plaisir soit saulver nostre lignée,
Priant vostre cher fils qu'il nous face pardon
Et par ainsi aurons la paix en habandon,
Qui durera toujours en soulas qui m'agrée.

                       Amen.

Nous avons de la sorte, pour ainsi dire, une troisième édition
des Noëls de Jean Daniel, noyée dans un volumineux recueil
rarissime, ce qui explique l'oubli où elle est restée jusqu'ici.

On en retrouve encore une réimpression moins complète, il
est vrai, dans un autre recueil gothique, in-16 folioté, suivi
d'une table, contenant 153 feuillets, avec *Noels nouveaux*
écrits au bas des rectos, 27 lignes à la page, et environ
cent vingt-cinq noëls (1).

Au feuillet xLVI, verso, après le Noël des *Bourgeoises de
Chastres*, comme dans le recueil que je viens de faire connai-
tre, viennent trente et un Noëls de Jean Daniel finissant au
recto du folio LXXVI. Manquent les noëls 4, 5, 21, 25, 28 de
l'édition du Mans. Le noël qui vient le septième est celui qui
se trouve dans le recueil Bonfons, et qui manque aux éditions
précédentes. Les autres se suivent dans l'ordre ancien, mais,
à la différence du précédent recueil, ne portent ni le nom ni
la devise de Jean Daniel.

(1) Le premier feuillet manque, mais je présume que ce recueil est
celui indiqué ainsi par Brunet : *Les Grands Noels nouveaulx, composez
nouvellement en plusieurs langages sur le chant de plusieurs chanjons.
Paris, Bonfons, petit in-8 (?) gothique de* cLIIII *feuillets.*

Ce second recueil a-t-il, comme le premier, été publié par Jehan Bonfons, libraire à Paris de 1548 à 1572, ou bien par Nicolas qui fut son successeur. Je ne saurais le dire. Toujours est-il que voilà la preuve de la persistance de la popularité des Noëls de Jean Daniel établie par leurs différentes réimpressions à Paris.

On doit rencontrer, à plus forte raison, des vestiges de leur existence dans les recueils de l'Ouest, puisque c'est dans ces provinces qu'écrivait Daniel, et que ses chants durent être plus répandus qu'ailleurs sur leur sol natal, dont ils ont gardé, par leur dialecte, comme un goût de terroir. Malgré le petit nombre des recueils angevins du XVIᵉ siècle qui sont venus jusqu'à nous, j'ai pu y rencontrer la preuve que l'Anjou était demeuré fidèle aux pieuses chansons de l'organiste de Saint-Maurice, soixante ans environ après l'époque où elles avaient été imprimées (1).

Le recueil des *Vieux Noelz composez en l'honneur de la Nativité de Nostre Seigneur Jésus-Christ et de la glorieuse Vierge Marie.... à Angers, pour Antoine Hernault, libraire, demeurant en la rue Lyonnoise devant l'enseigne de la Harpe,* 1582 (in-16, 27 lignes à la page, car. rom., non paginé, mais avec signatures), contient un Noël de Mitou (2).

Le *Cours des Noelz vieux et nouveaux faict à l'honneur de la Nativité de Nostre Sauveur,* etc., qui est la suite du précédent recueil, et sort, à la même date, de la même librairie, contient de même aussi un autre Noël de l'organiste angevin (3). Il faut toutefois avoir soin de ne pas confondre avec les Noëls de cet auteur le dernier chant de ce recueil :

> Alleluya, chantez, je vous supplye,
> Tous chrestiens, je le puis commander,

(1) On trouve dans Brunet, et surtout dans la deuxième partie du catalogue du duc de La Vallière, l'énumération de nombreux noëls angevins de la fin du XVIᵉ et du commencement du XVIIᵉ siècle, devenus presque introuvables aujourd'hui.

(2) C'est le Noël 11ᵉ de l'édition du Mans.

(3) C'est le Noël 15ᵉ de l'édition du Mans.

au bas duquel on lit : *in te cantatio mea semper, Danielus.*
On trouve en effet cette même devise au bas d'un noël d'un
autre recueil angevin dont les chants ne sont pas anonymes,
et dont l'auteur, organiste aussi d'une paroisse d'Angers,
fut, comme compositeur de noëls, le digne successeur de
Jean Daniel. Je veux parler des *Vieux Noelz composez par
M⁰ Laurens Roux, en son vivant organiste de la Trinité
d'Angers,... A Angers, de l'imprimerie d'Hernault, 1582.*

Dans ce recueil, au bas du dix-septième noël :

> *Il est jour dit l'alouette.
> Disons nau à plaine teste.
> Nau, nau, nau, nau,
> Ol est yne grande feste....*

on lit en effet la devise que je viens de citer tout à l'heure,
empruntée au prophète Daniel, ce qui prouve que maître
Mitou n'a pas à en réclamer la paternité. L'attribution peut en
être revendiquée plutôt par l'organiste de la Trinité, qui avait
hérité de la verve de son devancier, et sut si bien l'imiter qu'il
contribua peut-être à l'oubli qui allait le frapper dans le
siècle suivant.

Le Maine conserva longtemps aussi le souvenir des Noëls
de Jean Daniel. J'en ai trouvé la preuve dans un curieux
manuscrit de la fin du xvi⁰ siècle, écrit par un religieux
de l'abbaye de la Couture, et qui reproduit tous les noëls
restés populaires de son temps dans sa province (1). Plusieurs
chants de Mitou se rencontrent dans ce manuscrit, plus probant,
si je puis dire, en faveur de leur popularité, que ne le serait
un recueil imprimé. Ce sont les Noëls 1ᵉʳ, 3ᵉ, 11ᵉ et 15ᵉ, de
l'édition du Mans.

Ce souvenir des Noëls de Mitou se prolongea plus longtemps même sur les bords de la Sarthe ; dans un recueil du

_____

(1) Ce manuscrit servira de base à ma prochaine étude sur les Noëls
manceaux du xvi⁰ siècle et sur les recueils de Noëls manuscrits, qui
suivra immédiatement cette notice sur l'œuvre de Jean Daniel.

milieu du XVIIe siècle. *Cantiques de Noëls anciens les mieux faictz et les plus requis du commun peuple, au Mans, par Hiérosme Olivier, imp. et lib. demeurant près l'église Saint-Julian* (24 feuillets, avec signature), je trouve encore un de ces gais cantiques de Jean Daniel :

> Saluons le doulx Jesuchrist,
> Nostre Dieu, nostre frère,
> Saluons le doulx Jesuchrist,
> Chantant noël d'esprit.

Cette popularité au reste était méritée, et aujourd'hui même plusieurs de ces chants, sinon tous, sont dignes de l'attention de ceux qui se préoccupent de cette branche des poésies populaires de notre ancienne France. Ils sont curieux comme représentant le type des noëls du premier tiers du seizième siècle et pour ainsi dire la première *couche* des noëls imprimés. Avant eux, il y a une autre couche restée presque inconnue et inexplorée jusqu'à ce jour, renfermant les noëls manuscrits, antérieurs aux recueils imprimés du XVIe siècle. A l'époque de Daniel, le noël a déjà perdu la fleur de sa jeunesse, la gracieuse naïveté première qu'il avait au XVe siècle à l'avril de son âge. Il en est arrivé à la période de maturité, si je puis dire, qui a précédé la période savante, et en est déjà parfois comme l'aurore. Ce n'est pas, Dieu merci, la poésie alambiquée, prétentieuse et souvent respirant l'ennui du comte d'Alsinoys, mais ce n'est pas encore non plus la poésie artistique et gracieuse de Clément Marot. Mitou est antérieur à Denizot comme temps, et au poète de la cour de François Ier comme style et comme rhythme, bien que la facture de ses vers soit souvent déjà pleine de charme (1).

(1) « Au XVIe siècle les savants s'en mêlent et gâtent tout, » a dit M. Rathery à propos des noëls. Aussi sont-ce précisément les chants où Jean Daniel a mis le moins de rhétorique qui nous intéressent le plus aujourd'hui.

On pourrait, et la comparaison serait curieuse, établir un parallèle entre ses Noëls et ceux de Lucas Le Moigne, le curé de Saint-Georges-du-Puy-la-Garde, qui fut presque son contemporain (1) et composait ses gaies et pieuses chansons à la porte d'Angers, dans les Mauges. Si les Noëls de Mitou, malgré leur persistance, n'ont pas eu peut-être une popularité aussi durable que quelques-unes des chansons de Le Moigne, qui ont survécu jusqu'à nos jours, telles que :

> A la venue de nouel
> Chascun se doit bien réjouir.

ou bien :

> Chantons, je vous en prie,
> Par exaltation
> En l'honneur de Marie
> Pleine de grant renom,

et d'autres encore que je pourrais citer, c'est que, sans parler du rôle de la musique et de la popularité relative que les noëls empruntent aux airs sur lesquels ils se chantent, ils étaient plus littéraires, ou du moins plus travaillés, plus obscurs, et moins à la portée de la foule que les chants du curé de Saint-Georges-du-Puy-la-Garde. Daniel était déjà trop poëte pour ne pas chercher à mettre de l'art dans ses chansons et pour ne pas faire quelques excursions dans les champs de l'allégorie et de la *rhétorique melliflue*.

Il ne faudrait pas croire cependant qu'il négligeât de

---

(1) Je dis *presque*, parce que ce dernier recueil qu'on regarde comme imprimé vers 1520 a trait, ainsi que l'indique le titre, aux Noëls que composa maître Lucas Le Moigne, *en son vivant* curé de Saint-Georges. Tous les noëls de ce recueil ne seraient pas non plus de Le Moigne, d'après le titre de l'édition originale : *S'en suyvent plusieurs chansons de nouelz nouveaulx et spécialement les nouelz que composa maistre Lucas Le Moigne*.

s'adresser à tous les chrétiens. A côté de noëls prétentieux, guindés et qui sont tombés dans l'oubli, tels que

> Plaisir n'est pas que vivre en desconfort.....
> En ce saint temps salutaire.....

on trouve de nombreuses gaietés bergeriques qui sont de vraies poésies populaires ; à côté du *parlar claus*, on y rencontre le *parlar clar* comme disaient les troubadours ; à côté des noëls pour les châtelaines ou les doctes bourgeoises mystiques, les chants d'une robuste gaieté pour les veillées de la ferme et des closeries angevines, pour le voyage à l'église dans la nuit de Noël et les joies du réveillon.

Afin même d'être plus facilement compris par la foule, beaucoup de ces gais noëls de Miton ont été composés dans les divers patois du temps, comme c'était la mode alors ; ce qui a d'abord pu être pour eux une cause de succès et contribua plus tard à leur discrédit. A l'exemple de celles de Le Moigne, un grand nombre de ses chansons sont en patois ou en dialecte poitevin. Je citerai :

Sur : *Dieu te garde bergère en Poitou.*
Sur : *La belle tyrelyre en Poetevin.*
Chanson en Poitou sur : *Hurlegogu quel douce dance.*
Sur : *Ce mignon qui va nuict et debbe sur va dy Michecu gringueligolons naulet nau.*
Chanson de Poitevin fort joyeuse sur le chant : *D'ou venez vous madame Lucette.*

A lire ces noëls et à se contenter d'un examen superficiel on pourrait même croire (et la chose n'aurait rien d'impossible après tout), que Jean Daniel était originaire du Poitou ou de la Vendée.

Voyant le pauvre appareil de la crèche, il dit dans un de ses chants en patois poitevin, que si l'Enfant-Dieu était né en Poitou, il eût eu une plus riche couche :

> Si fust à Poicters, vray Dé de nature,
> Ou en noz quaters, Luczons ou Bressure,

Il eust heu in bel hôtau....
Ol y fust venu de belles bourgeoises,
Et si eust ogu prunes et framboyses,
Vin Talmondoys en tonneau,

Dans le noël sur *la belle tyrelire en Poitou*, les bergers qui viennent rendre leurs hommages à Marie disent aussi :

Nous des premiers y fumes pour y bruyre.
Oui y en vint de Saint-Genoulx,
Et d'autres de Saint-Jehan des Choulx,
Et cinq ou six vilains tignoulx
Qui estoient de Saint-Cyre (1).

On pourrait croire que ces localités appartiennent au Poitou, du moins à son voisinage, si l'on se rappelle les vers de Villon, géographe d'une autorité peu sûre, il est vrai, qui parle de deux dames poitevines

Demourantes à Saint-Genou
Près Sainct-Julien des Voventes,
Marches de Bretaigne et Poitou (2).

(1) On sait combien au XVIIᵉ siècle devinrent abondants ces *blasons* et ces lardons satiriques de village en village ; mais on les trouve de fort bonne heure, surtout dans les noëls poitevins. Laurent Roux dit de même dans son Noël 17ᵉ :

« Bourgueeau print bonne bande
D'icaux taignous de Niort....,
Vint de La Roche-Servère
Unt grant tas dau rimassoux, »

M. l'abbé Lalanne a cité, dans cet ordre d'idées satiriques, ce couplet à l'adresse des pastoureaux de Thouars :

« N'aviant ren qu'ine épie
Pre tretous, incore si fort rouillie
Qu'o lou faugit ine armie
Pre la tiri do fourea. »

(2) *Grand testament*, huitain 94.
Il est vrai qu'on ne trouve pas le village de Saint-Genou en Poitou ni en Bretagne, mais bien en Touraine : aussi, pour ce qui regarde Villon, a-t-on proposé de lire Saint-Générou, Villon fait peut-être plutôt allusion à *Fouvant* (Vendée), qu'à *Vouvantes* (Loire-Inférieure).

Toutefois ces noms, difficiles à identifier, ne sont peut-être
pas l'expression de la réalité, et peuvent avoir été choisis par
le poëte en vertu d'un pur caprice de son imagination.

Malgré ces apparences d'attaches poitevines, on se tromperait cependant en concluant de là que le Poitou est le lieu
d'origine de Jean Daniel. Si dans ses Noëls on trouve des
chansons poitevines, on en trouve aussi une en langue picarde
et *un noel en breton qui parle françois*. Cela prouve qu'il
empruntait alternativement tel ou tel dialecte provincial selon
son caprice et sa fantaisie. Si les noëls poitevins sont les plus
nombreux, cela s'explique, non-seulement par le voisinage
immédiat de l'Anjou et du Poitou, mais par la grande vogue
qu'avaient les noëls composés en ce dialecte, comme on peut
s'en assurer dans les recueils du temps, ainsi que je vais le
faire ressortir puisque l'occasion m'en est offerte.

Cette vogue tenait sans doute à ce que le Poitou avait été
la première province, peut-être, à produire de ces chants,
immédiatement après les nombreux noëls latins qu'on trouve
dans les manuscrits.

Dans une bien curieuse chanson d'un manuscrit de Noëls,
du xve siècle, précieux entre tous, qui se trouve à la bibliothèque de l'Arsenal, Ms. 332, et dont M. Rathery a déjà donné
des extraits, on lit à l'adresse de cette région :

> *Fidelis Pictavia,*
> Peuple doubz et débonnaire,
> *Propter hec natalitia*
> Doit chanter, ne se doit taire (1).

Le Poitou répondit à cet appel et les noëls poitevins prirent
leur volée en leur rustique langage. On se rappelle ce que dit

(1) C'est dans le Noël qui commence ainsi :

> « *Christiana Francia*
> De laquelle le chief est pris,
> *Splendens regni gloria,* » etc.

Rabela's, qui sous ses perpétuelles plaisanteries, cache parfois de bonnes doses de vérités : « En Angers estoit pour lors un vieux oncle, seigneur *de Saint-Georges*, nommé Frapin. C'est lui qui a faict et composé les beaulx et joyeulx Noëls en langage poictevin. Il vivoit en 1488 (1). » Les Noëls de Mᵉ Lucas Le Moigne, *curé de Saint-Georges*, pourraient bien être de curieux échantillons de ces beaux et joyeux chants dont parle Rabelais (2); mais bien avant ces noëls imprimés, on trouve déjà des noëls poitevins dans les recueils manuscrits qui nous restent.

J'indiquerai dans le manuscrit du xvᵉ siècle que je viens déjà de citer (3) :

> Chantons trestous
> Nau à tère
> Et buffons en nos flageaux,
> Mère, mère, vère,
> Et buffons en nos flageaux,
> De par nau.

et un autre noël qui fut plus tard fortement francisé, si je puis dire :

> Au saint au chanteray sans point my faindre,
> Marmy gnen digneroy rain craindre,
> Car le jour est feriau.
> Nous fusmes en grant esmoy,
> Nau, nau, nau,
> Y ne sces pas quo peust estre
> Des autres bergiers et moy,
> Nau, nau, nau,

---

(1) V. Rabelais, *Ancien prologue du quart. livre*, p. 103, édition du bibliophile Jacob.

(2) J'ai déjà dit aussi que quelques-uns de ces noëls peuvent être antérieurs à la date de l'édition imprimée.

(3) Avant le xvᵉ siècle il n'y a pas, à vrai dire, de véritables recueils de noëls français. On ne trouve jusqu'à cette époque que de rares noëls isolés dans les manuscrits.

En menant nos brebis paistre,
Do forfait,
Qu'Adam fist contre son maistre,
Quant do fruist il osust paistre
Dont il fit péché mortau.

Mais voici le chant poitevin le plus curieux, sans contredit,
que renferme ce recueil qu'on pourrait appeler le manuscrit
des noëls du temps de Charles VII. Je le reproduis tout entier
à cause de son intérêt :

Réveillez vous, compaignons,
Chanton tous et crion Nau,
Et nau, nau, nau,
Et grain ne nous espargnons
A yyuet bon jour de Nau,
Nau, nau.

Ol y a de bons railloux,
Qui se moquent de nos naux:
Ils cuident estre engeignoux,
Mais grain ne scèvent d'itaux.
Se nous sommes Poictevins
On n'en vait de rain plus mau
Et nau, nau, nau.

M'arme, les motz sont devins
Et pour rire ol est plus beau,
Et nau, nau, nau.
L'angère a dit aux pastours:
Allez veoir le ray do ceau,
Et nau, nau,
Et sonnez d'icoz tabours,
Accordez vos chalumeaux,
Nau, nau.

Quand ilz oguyrent oy
Yco chant si honorau,
Et nau, nau, nau,
Ils vindrent tous resjouys
Veoir le doulx enfant nouveau,
Nau, nau.

Il n'estoit grain en grant gorre,
Ny nasqu en grant chasteau,
  Et nau, nau, nau.
Ny n'avoit ny baz ny hoste,
Comben qu'il fust ray do ceau,
  Nau, nau, nau.

Trois grands seigneurs d'Arabye
Veirent l'estelle journau,
  Et nau, nau, nau,
Qui les conduyt chez Marie
En son povre hospitau,
  Nau, nau.

Tous trois de l'or ils offrirent
Comme au roy impériau,
  Et nau, nau, nau,
Ensens à De tout puissant,
Mirre à homme mortau,
  Nau, nau.

O ny a grain en Poeters
De docteur ne d'escriteau
  Et nau, nau,
Qui soguist dire enters
La vie do doulx igneau,
  Nau, nau.

Prien tous humblement
Le prophète messiau,
  Et nau, nau,
Que nous viven liaulment,
Et fassen in très bon nau,
  Nau, nau.

On trouve de même des noëls poitevins dans un manuscrit de la Bibliothèque nationale postérieur à celui-ci, mais également bien curieux, ne fût-ce qu'à cause de son royal possesseur, dont le nom nous est révélé par une précieuse inscription, qui a probablement échappé à tous ceux qui ont fait l'histoire de la Bibliothèque de nos rois (F. fr. 2368):

Cest livre de Noelz est au roy Loys XIIme.

Dans ce manuscrit des premières années du xvi⁰ siècle, qui contient aussi les deux premiers noëls poitevins que je viens de citer (le second déjà francisé), on trouve encore d'autres chansons de Noël écrites dans le même dialecte :

> Nau, nau, nau, nau,
> Nau, de par nau,
> Mère, ou n'est si doulce vie
> Que d'aux pastouréaux,
> Quant premier le fils Marie
> S'appargrut à eaux

ou bien encore :

> Nouel de par Notre-Dame
> Chantons, nau, de par nau,
> Tantôt nous aurons une feste,
> Nous aurons le jour de nau,
> Je crois qu'en toute l'année
> Ou n'en est gueres d'itau.

J'en passe, qui valent bien ceux-ci, et laisse de côté les manuscrits désormais contemporains de la diffusion de l'imprimerie (1).

Les recueils de noëls imprimés, rien que par leurs titres, indiquent suffisamment cette popularité des noëls poitevins. Je citerai :

Les grands Nouelz nouveaux reduitz sur le chant de plusieurs chansons nouvelles, tant en françoys, escossois, POITEVIN que limousin, et sont en grant nombre comme il apert par la table, avec autres hymnes translatées de latin en françoys et aultres nouelz composez nouvellement. On les vend à Paris en la rue Neufve Nostre Dame à l'enseigne de l'Escu de France.

Les grans Noelz nouveaulx composez sur plusieurs

(1) Dans un autre manuscrit du xvi⁰ siècle de la Bibliothèque nationale, qui est en grande partie la copie du livre de Noëls de Louis XII, on trouve déjà tous ces chants fortement francisés (F. fr. 2506).

chansons tant vieilles que nouvelles en françoys, en POITE-
VIN et en escossois. . . . On les vend en la rue de la Juyfrye
à l'enseigne de Saint-Pierre et au second ouvroir de la pre-
mière porte du Palais.

—Les grans Noelz nouveaulx composez sur plusieurs chan-
sons tant vieilles que nouvelles en françoys, en POITEVIN
et en escossois. . . ., On les vend à Paris, joignant la première
porte du Palais, par Jacques Nyverd (1).

Mais ce qui prouve plus encore, ce sont les nombreux noë.s
poitevins qu'on trouve dans les recueils du xvie siècle, même
dans ceux dont les titres n'annoncent rien de semblable. Les
recueils de Bonfons en sont remplis; et c'est là que s'épa-
nouissent les refrains les plus gais et les plus singuliers de Le
Moigne et ceux de Mitou, qui comme lui composait ses noëls
sur les airs des chansons les plus populaires et partant les
plus plaisantes (2). C'est là que les ont trouvés les Bibles du
xviie siècle, qui déjà ne les ont reproduits que timidement,
effrayées qu'elles étaient par les jovialités gauloises, les
audaces et les rugosités de ce jargon provincial.

Sans parler de leur pays natal, la popularité des noëls poitevins continua particulièrement en Anjou. Dans les recueils

(1) On trouve en effet dans les recueils de ce temps, non-seulement
des noëls poitevins, mais des noëls soi-disant en breton ou en écossais,
tels que celui-ci :

SUR : *Il n'est plaisir, n'esbatement.*

« Chanty noel là hault tristus
    Patris Jehan jobec vilban. »

Voir 2e recueil indiqué et folio 77, verso, d'un curieux recueil gothique
in-16, ayant 180 feuillets, suivis de la table. Voir aussi le dernier Noël de
Laurens Roux : *Noël en breton bretonnant qui aprent à parler le fran-*
çois :

« De matheol meeff deoch
Doe sont venu en un crache,
Chantez en noël guenéoch... »

(2) Il y a des airs qui sont communs aux deux auteurs :

Allez luy dire, allez luy demander.
Dieu te gard bergère.
D'ou venez vous madame Lucelle.

d'Herrault de 1582, à côté des Noëls de Le Moigne et de Mitou, on en trouve d'autres composés en patois de la Vendée et du Poitou, tels que :

> Sur : *Mon père s'en va au marché*
> *Et ma mère aux nopces.*
>
> Agaré ma fé Perrot,
> O veux bin te dire
> Que me estant pres d'in roc
> Y vogu bien rire.
> Ne sçay pas bien qu'o l'étet
> Pré le vre te dire :
> Tout autour de nostre tet
> O ne faset que luyre.....

ou bien encore :

> Que ne venez vous chantér nau
> Guillot Gaultier.

L'organiste de la Trinité d'Angers, Laurent Roux, se donna bien garde de ne pas se conformer à la tradition, et de ne pas flatter de la sorte le goût des Angevins. Dans son recueil on trouve encore de nombreux noëls poitevins, comme dans le recueil de l'organiste de Saint-Maurice.

> Guillerme, Guillaume, Guillaumin.....
> Disons nau à plaine teste
> Ol est yne grande féte, etc. (1).

A partir du siècle de Louis XIV, les noëls poitevins se loca-

(1) A partir du xviii° siècle les recueils angevins ne contiennent plus de noëls poitevins à part le noël : *Au saint nau.* Voir *La grande Bible des Noels angevins*, Angers chez A. J. Jahyer, 1766, et une autre édition chez le même, 1774; *La grande Bible de Noels angevins..... nouvelle édition augmentée de plusieurs beaux Noels et de celui des Oiseaux*, à Angers, chez Fournier-Mamé, 1801, in-12. Leur popularité avait décliné plus tôt dans le Maine et dans la Touraine. On en voit quelques-uns cependant dans *La grande Bible* (gothique) *des Noels tant vieux que nouveaulx*, à *Tours, chez Sébastien Molin, marchand libraire*, in-8°, 77 feuillets et la table ; 25 lignes à la page, non foliotée.

lisèrent de plus en plus sur les bords du Clain et du Thoué,
et ne passèrent pas dans les bibles de Troyes qui furent
si répandues dans toute la France. Ce n'est que de notre
temps qu'a eu lieu leur réapparition.

On n'a fait que leur rendre justice en opérant leur résur-
rection ; car indépendamment de leur importance au point
de vue de l'histoire de la littérature populaire, ces noëls
poitevins, surtout ceux du xve et de la première partie
du xvie siècle, présentent un sérieux intérêt philologique. Je
m'étonne que ceux qui ont fait l'histoire du patois du Poitou
ne s'en soient pas préoccupés davantage. C'est une source plus
précieuse que la *Gente poetevinrie* et ses chansons *jeouses* si
souvent citées, dont la première édition n'est que de 1572 (1),
ou que la *Chanson joyouse in langage poetevinea, fate do sege
mis devant Poeters par l'Amiro* (Poeters, 1569, in-8°). Surtout
c'est une source plus pure et plus ancienne que les *noëls dans
tout les styles* ou les autres poésies patoises de l'abbé
Gusteau, de 1742, auxquels ont fait tant d'emprunts les divers
auteurs qui ont recueilli dans ces derniers temps les matériaux
de différents glossaires poitevins (2).

(1) La *Gente Poetevinrie*, à *Poeters imprimé tout avoure près Emer
Mesner*, 1572, petit in-8 de 55 feuillets. La *Genté Poetevinrie*, réimpri-
mée au xviie siècle, vient encore de l'être tout récemment.

(2) Voir M. l'abbé Lalanne, *Glossaire poitevin*, *Mémoires de la Société
des Antiquaires de l'Ouest*, t. 32, 2e partie, 1869 ; M. Beauchet-Filleau, *Essai
sur le patois Poitevin*, Niort, 1864, in-8 ; M. Boucherie, *Patois de la Saintonge*, *Société archéologique et historique de la Charente*, 4e série, t. 1er,
Angoulême, 1865 ; *Revue de l'Aunis et Saintonge*, 1867 ; M. l'abbé Rous-
seau, *Glossaire poitevin* ; M. de la Marsonnière, *Poésies nationales du
Poitou*, *Mémoires de la Société des antiquaires de l'Ouest* ; M. Favre,
Glossaire du Poitou, 1868, in-8° ; M. Levrier, *Dictionnaire étymologique
du patois poitevin*, Niort, 1867 ; M. L. Duval, *Études critiques sur le
patois poitevin*, 1867, etc. M. Bugeaud, *Chants et chansons populaires
des provinces de l'Ouest*, 2 vol. in-4°, Niort, 1866, a eu à sa disposition
une copie des Noëls de Le Moigne. Voir, outre les recueils cités, pour
l'histoire des noëls poitevins à partir du xviie siècle, *Recueil des plus
beaux Noels*, Poitiers 1668 ; *Noels poitevins*, 1777 ; *Nouveau recueil des
plus beaux Noëls choisis entre tous ceux qui ont paru jusqu'à présent*,
Poitiers, Barbier, 1824.

J'espère qu'on me pardonnera en faveur de l'intérêt du sujet cette excursion à travers les noëls poitevins. En passant en revue leur histoire, j'ai simplement voulu prouver qu'en se servant pour quelques-uns de ses noëls du dialecte du Poitou, Jean Daniel, qui habitait d'ailleurs sur les confins de la Vendée, n'avait fait que se conformer au goût de ses contemporains, et qu'on prétendrait en vain tirer de là un indice de son lieu d'origine.

Ses noëls sont malheureusement dépourvus de couleur locale. Les personnages qu'il y introduit ont tous des noms de convention qui ne permettent pas de les reconnaître. Ce ne sont que des Janot, des Margot, des Michau, qu'on voit à la crèche, et cela ne saurait servir de guide dans aucune recherche.

Une seule fois on y voit des noms plus caractéristiques ; sont-ils employés arbitrairement par pur caprice, comme ceux peut-être des localités que j'ai citées, ou sont-ils au contraire l'expression de la réalité ? C'est ce qu'il est difficile de dire. L'histoire locale seule peut répondre d'une façon plausible.

> Le duc de Sçavoye y vint
> Et M. de La Voulte,

lit-on dans le récit d'un voyage à la crèche. Voilà les seuls noms bien *réels* qu'on rencontre dans tout le cours de ces noëls ; sera-ce un trait de lumière pour les érudits de nos provinces de l'Ouest (1) ?

J'appelle leur attention sur ce point. Les jalons de la biographie de Jean Daniel sont aujourd'hui plantés. J'ai ouvert

(1) A Angers se trouvait la maison de la Voulte. Il me revient aussi en mémoire la 80e Nouvelle de Bonaventure Despériers (tome II, p. 273, édition de la Bibliothèque elzévirienne), dans laquelle le roi étant à Blois, le prévôt, M. de La Voulte, est volé lui-même par un coupeur de bourses qui vient d'être surpris dans la basse-cour du château. — Les ducs de Savoie figurent dans l'histoire des comtes de Laval, protecteurs de Daniel. La première femme de Guy XVI était fille d'Anne de Savoie et petite-fille du duc Amédée IX. Philippe de Savoie, duc en 1495 et seigneur de Bresse, était oncle du précédent comte de Laval. — Une étude sur le

les questions qui se rattachent à sa vie et à son pays; à d'autres de les fermer. Quant à ses Noëls, qu'on les lise : hélas! je ne puis dire qu'on les chante, et que le goût de chacun en soit juge. Aucune dissertation ne saurait remplacer leur lecture. D'ailleurs il est grand temps de leur laisser la parole. L'érudition est chose bien rébarbative en matière de chansons, et je crains d'avoir gâté le plaisir qu'on pourra trouver à lire quelques-uns d'entre eux, en prolongeant trop cette étude à laquelle il fallait cependant bien en venir pour essarter et défricher un sol encore vierge (1).

Marolles-les-Braux, 14 août 1873.

H. CHARDON.

Psallette d'Angers pourrait aussi amener à reconnaître quelques-uns des nombreux psalteurs, chantres et musiciens que J. Daniel fait figurer dans ses Noëls avec les compositeurs de son temps, tels que *Janequin, Moullu*, etc. — *Richard* dont il est question à la fin de l'édition imprimée de l'*Ordre funèbre* pourrait bien être Jehan Richart, alors libraire à Tours, *demourant en la rue de la Sellerie à l'enseigne* S. Jehan l'Évangéliste *près les Augustins.*

(1) Cette étude est extraite du *Bulletin de la Société d'Agriculture, Sciences et Arts de la Sarthe*, mais les additions, les corrections et les changements qui ont été apportés à ce tirage à part en font, à vrai dire, une nouvelle édition.

J'ai essayé d'établir le moins mal possible le texte des Noëls de Jean Daniel, du recueil de la Bibliothèque du Mans, ce qui n'était pas facile en face des mauvaises éditions du XVIe siècle, imprimées avec la négligence et les variantes saugrenues qu'on rencontre dans les livrets populaires, où en outre l'on ne se préoccupe nullement des nuances dialectales. Ce sont surtout les chansons en patois, dont la plupart des mots font défaut dans les glossaires, et dont bien des couplets ressemblent aux fatrasies du moyen âge, qui ici, comme dans les Noëls de Lucas Le Moigne, restent trop souvent inintelligibles. Elles serviront cependant à enrichir la lexicologie des dictionnaires de patois poitevin, et pourront ainsi être utilisées par les philologues, bien qu'elles s'adressent plutôt aux bibliophiles et aux curieux. Indépendamment des Noëls, je signale à l'attention de ces derniers les airs sur lesquels ils se chantent, et dont quelques-uns peuvent être datés, comme la chanson de *Maître Jean du Pontallais*, le fameux comédien en plein vent du temps de François Ier.

NOELZ NOUVEAULX

Chansons nouvelles de Nouel
Composées tout de nouvel,
Esquelles verrez les praticques
De confondre les hérétieques.

COMPOSÉES PAR

MAISTRE JEHAN DANIEL, ORGANISTE
DIT MAISTRE MITOU

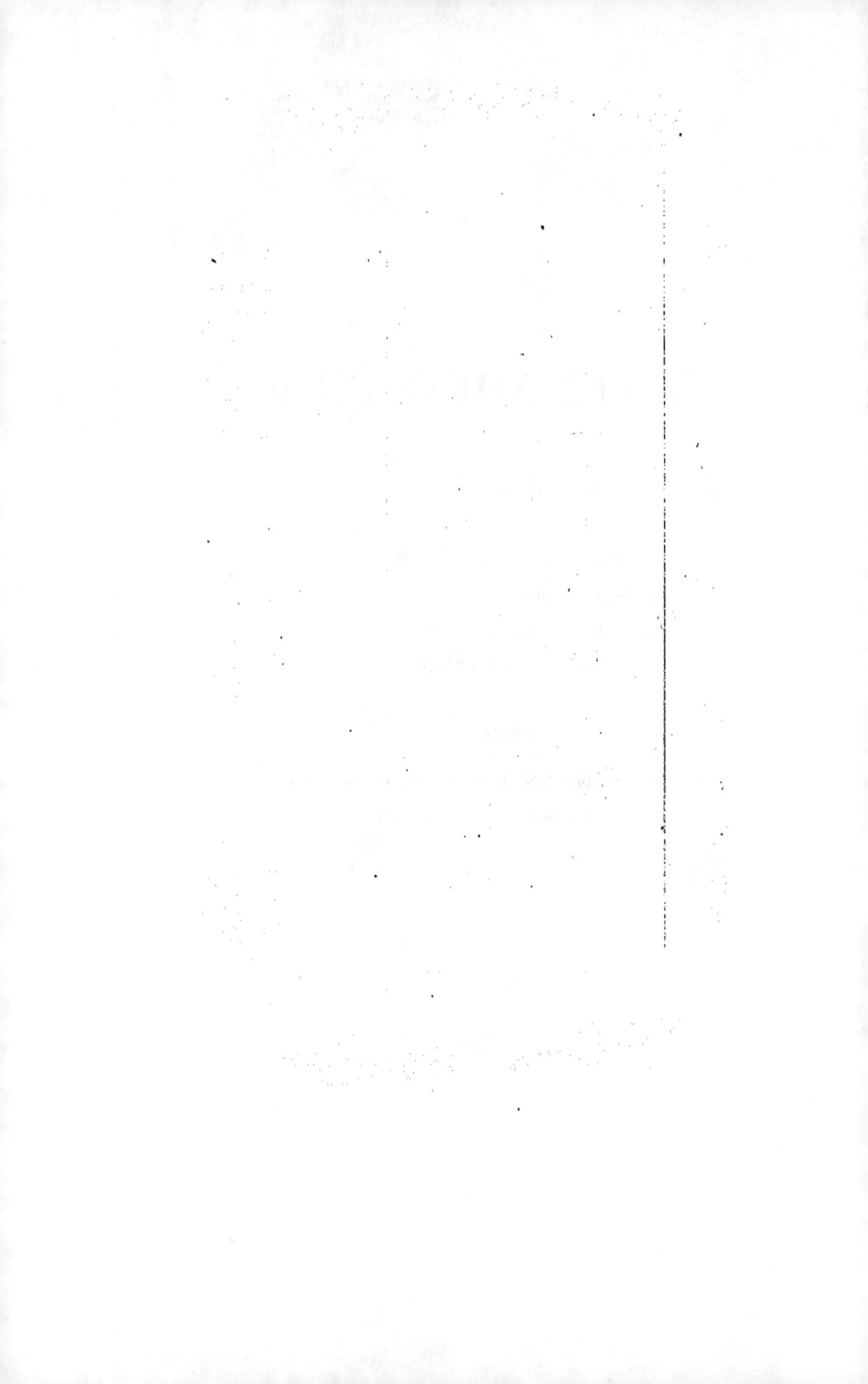

La Table des Chansons

ET PREMIEREMENT.

4

Noelz nouveaulx.

⸻⸙⸻

I

Sur : Secourez moy ma Dame par amours.

Au bon Jésus ayons trestous recours
Qui vient pour nous griefve mort encourir.
Faisons qu'erreur en France n'ait plus cours,
Ou aultrement tous maulx voirrons courir.
Hélas, hélas! bien devons requerir
Que malheureux à saincte foy radresse,
Car les erreurs causent nostre destresse.

Noel!

Le doulx Jésus nous attent tous les jours
Et luy desplaist nous veoir ainsi périr.
Sa mère aussi ne cesse point tousjours
Le requérir que ne puissons mourir.
Hélas, hélas! c'est notre secourir
Maulgré tous ceulx que hérésie possesse,
C'est des pécheurs l'advocate et maistresse.

Noel!

Le doulx Jésus l'ayma tant par amours
Qu'en elle print claustre pour soy couvrir,
Et à sa mort les piteuses clámours
Firent l'amour plus ample descouvrir.
Hélas, hélas! voyant son Fils ouvrir
Sainct Jehan la print pour mère en sa tristesse,
Monstrant à tous que c'est très seure adresse.

Noel!

O doulx Jésus tu voys noz meschans tours,
Tant plains d'abus qu'en sommes tous maigris.
Les inventeurs font de paix les destours
Par faulx conseil qui ne cesse d'aigris.
Hélas , hélas! vers toy fault paix quérir;
Que tous captifz soyent remis en largesse
Et tous pécheurs à haultaine sagesse.

      Amen.   *Grâce et amour.*

Jo. Daniellus organista.

II

Sur : Maistre Jehan du pont allês, or allès.

Ung fruict s'en vient de nouvel, or Noel,
   Nous mettre hors de souffrance
Et remettre paix en France
Par conseil spirituel, or Noel.

        Noel!

C'est ung fruict sempiternel, or Noel,
Qui a si grande substance
Qu'il oste toute doubtance
Du feu d'Enfer éternel, or Noel.

        Noel!

Ce fruict est plus doulx que miel, or Noel,
A tous maulx donne allégeance;
Mais il engendre vengeance
Aux héréticques par fiel, or Noel.

        Noel !

Ce fruict est venu du Ciel, or Noel,
En ung vaisseau de plaisance.
Ostons toute desplaisance
De cas artificiel, or Noel.

        Noel!

Ce doulx fruict substantiel, or Noel,
Vient amortir ignorance,
Nous donnant seure espérance
Du règne célestiel, or Noel.

Noel!

Ce doulx fruict a semblé bel, or Noel,
Et plain de magnificence
A bergiers plains d'innocence,
Qui l'ont adoré pour tel, or Noel.

Noel!

Ce doulx fruict en pauvre hostel, or Noel,
A receu la révérence
Des roys, qui par préférence
L'ont veu Dieu en corps mortel, or Noel.

Noel!

Prions luy de cueur ignel, or Noel,
Que ayons du roy joyssance
Et rendre resjouyssance
A nostre cas criminel, or Noel.

AMEN. *Grâce et amour.*

Jo. Daniellus organista.

III

Sur : LE CHANT DE LA GRUE.

UNG gracieulx oyselet
Est venu en noz village,
Chantant ung chant nouvellet
Sans tenir propos vollage.
Il nous dit que Dieu est né,
Pour nous saulver ordonné,
Et paix en terre est venue.
De joye en dance ma grue.

Noel!

Dieu gard de mal le varlet
Qui fait si jolys messaige ;
Il n'estoit pas tout seullet
A chanter si doulx langaige.
Les cieulx en ont résonné,
Tous instrumens ont sonné
Si hault qu'en fendoit la nue.
De joye en chantoit ma grue.

Noel !

Alexandre tout de het
Sur trois parties fist raige :
Prioris le doucelet
Y monstra bien son ouvraige,
Josquin si est kdonné,
Qui par sus tous a tonné,
Aussi a fait De La Rue,
Tant qu'en a dancé ma grue.

Noel !

Aussi s'esmeut Loyselet
Qui besongna de couraige ;
Puis Fenin le proprelet
Ne mist ses œuvres en caige.
Robinet n'est étonné,
Qui si bien a bourdonné.
Chascun pousse à sa charrue
Et je fais dancér ma grue.

Noel !

Avons trouvé l'aignelet
Tenant bien pauvre mesnaige :
Le divin enfantelet
N'avoit pas royal paraige.
Trestous l'avons adoré
Et humblement vénéré ;
Marie tous nous salue
Et tousjours dançoit ma grue.

Noel !

En ce petit hostelet
Richard fort ne fut saulvaige,
Deschanta ung motelet,
Dieu scet s'il estoit ramaige !
Gascoigne y fut bien nommé.
Et Mouton fort renommé.
Moullu tant doulcement rue,
Et tousjours dance ma grue.

Noel !

La bénigne dame oyoit
Des musiciens l'usaige ;
A Joseph point n'ennuyoït
Qui avait plaisant visaige.
Divitis y a chanté,
De La Fage deschanté.
Chascun chante et diminue,
Et jé fais dancer ma grue.

Noel !

Janequin vint au roollet
Bien jouant son personnaige,
Claudin monstra son collet
Autant que nul de son aage.
Chascun a si bien joué
Que Jesus en est'loué
En mainte façon congrue.
Je lui présente ma grue.

Noel !

Or faisons, comme on souloit,
Au benoist Jesus hommaige.
Heureux sommes s'il vouloit
Nous préserver de dommaige,
Nous rendre par sa pitié
Nostre roy plain d'amytié
Et tout faux conseil corrue,
Si ferons dancer la grue.

AMEN. *Grâce et amour.*

Jo. Daniellus organista.

IV

Sur : Hau Margot lière la Cuisse.

Sur Ragot lieve la cuisse,
Ton rost aura bonne cuisse.
Ceste feste t'est propice,
Noel papera ton escot.

Noel.

L'AULTRE nuict je rencontray
Bende non endormye
De bons gueux bien acoustré,
Ayant la dent fermye,
Tout le trot, Jacquet-la-Bische,
Capitaine qui n'est pas chiche,
Cornaban-porte-la-miche,
Chantant nau sans dire mot.

Sur Ragot.

L'on a dit que Dieu est né
Sur une pauvre couche,
Et la cloche a sonné
Fort hault Clément-la-Mouche.
Tout le trot, du nès arrière
Conservateur de l'hostière,
Fleur de Lys tiendra barrière
Et le bon gueulx Vicenot.

Sur Ragot.

Quand Marie à enfanté
Le Saulveur de tout le monde,
Les anges en ont chanté
Si hault que l'aër redonde.
Tout le trot, ceste nuict fresche
Pastoureaulx laissez la freische,
L'aignel est né en la cresche,
Qui ouvre le livre et le clot.

Sur Ragot.

Les gueulx ne sont estonnez
D'ouyr telle nouvelle,
Ont prins des os pour sonnez
Le pas de la vieille.
Tout le trot Courbusson trotte,
L'orphelin souffle en sa botte,
Foulcault ne dit qu'une notte,
Le bourdon le nomme sot.

Sur Ragot.

Chascun se doit resjouyr
Veoir nay l'incarné Verbe
En l'humanité jouyr.
C'est ung nouveau proverbe.
Tout le trot, faulte de gerbe
Maujonche se charge d'herbe,
A leur chantz écho réverbe,
Ce dit le grant gueulx Janot.

Sur Ragot.

Robert-le-Loup s'acointa
De Michau-souppe-seiche,
Le musnier les escouta
Qui usoit d'une seiche.
Tout le trot chascun desmarche,
Sabotier y contremarche,
Le bastier porte une parche,
Hubault charge du fagot.

Sur Ragot.

Sur ces bras marchait Lecan
Avec Macé Jouenne,
Plus fier que Mars ou Vulcan,
Le soudan ny ahenne.
Tout le trot vont par la prée
Monstault, et de La Porée
Lagoret vint la vesprée,
Bec-de-Corbin fist le flot.

Sur Ragot.

Le duc de Sçavoye y vint
Et monsieur de La Voulte ;
Le grand Saulvaige sourvint
Qui point ne se desgoute.
Tout le trot à la frarie,
Suppost de la tripperie
Braguibus est en fayrie
Et atourne son surcot.

Sur Ragot.

Si l'enfant est endormy
Nous saluerons Marie,
Ou Joseph, son grant amy ;
Point n'en sera marrye.
Tout le trot laissons la bise,
Dist Marseault, le grant Moyse
Gound-pyon vestu de frise
Est enossé d'ung ergot.

Sur Ragot.

Des présens au bon Jésus
N'ont fait que de requestes,
Que l'hostière ait le dessus
Des roys et leurs conquestes.
Tout le trot parmy la place
Ont saulté sur la besace ;
Vieille-Oreille les menace
De leur donner du sabot.

Sur Ragot.

L'Enfant Jésus composé
Repose entre deux bestes,
Pour nous saulver disposé
Si nous sommes honnestes.
Tout le trot chascun luy prye,
Aussi sa mère Marie,
Que vivons sans hérésie
Justes comme le bon Loth.

AMEN.

Jo. Daniellus organista.

V

Sur : PLAISIR N'AY PLUS QUE VIVRE EN DESCONFORT.

PLAISIR n'est pas que vivre en desconfort :
Confortez-vous, gens de noble valeur,
L'heur de Jésus combatra tout malheur,
Malheureux est qui n'espère confort.
Noel !

Fort et puissant vient surmonter la mort,
Mortifiant du dyable la vigueur,
Vigueur aura pour dompter sa rigueur,
Rigueur tiendra hérésie mort.
Noel !

Mort par Adam vint sur nous faire effort,
Fort nous greva et mist à déshonneur,
Déshonneur fut : Marie a eu l'honneur,
L'honneur portant des humains le plus fort.
Noel !

Bien fort a fait Marie à ung seul port,
Portant des cieulx le puissant Créateur.
Croyons en luy, c'est le réparateur,
Réparant ceulx qui estoyent à déport.
Noel !

Le port de tous n'a lieu pour son support :
Support n'a eu que Joseph son tuteur.
Tuteur luy est et humain protecteur,
Heureusement faisant de luy transport.
Noel !

Transportons-nous au maternel rapport,
Rapport faisant à son amoureux cueur,
Cueur tant begnin, plain de doulce liqueur.
Les cueurs prendra, nous impétrant seur port.

AMEN.   *Grâce et amour.*

Jo. Daniellus organista.

VI

Sur : JE NE SÇAY PAS COMMENT
EN MON ENTENDEMENT
PLUS FORT JE VOUS AYMASSE.

Voycy l'avénement
Du Roy du firmament,
Qui des haulx cieulx desplace,
Pour venir humblement
Naistre joyeusement
En une povre place.

Noel !

Je ne scay pas comment
En mon entendement
Le faict vous déclarasse,
Tant cordiallement
Le cordial amant
Veult suyvre nostre trasse.

Noel !

Les prisonniers vrayement
Auront allégement ;
Le long souffrir les lasse.
Sathan et son couvent
Auront tost maulvais vent.
Ils font layde grimasse.

Noel !

Jésus patiemment
Souffrira le tourment
De noz maulx l'efficace.
Mais à son jugement
Pugnyra aigrement
Erreur qui nous pourchasse.

Noel !

Chantant bénignement,
Prions luy doulcement
Que l'hérésie efface,
Qui tant d'encombrement
Fait ordinairement,
Et que pardon nous face.
Noel !

Pastoureaulx gentement
Et roys semblablement ;
L'ont adoré en face.
Tous amyablement,
Prions valablement
Qu'ès sainctz cieulx nous solace.
Noel !

AMEN.   *Crdoo et amour.*

Jo. Daniellus organista.

VII

Sur : Puisqu'en amours a si beau passetemps.

Du bon du cueur chantons en ce sainct temps
Noel, Noel, car il vient le bon Sire
Pour resjouir chascun qui son salut désire :
C'est ung grant poinct dont tous serons contens.
Noel !

La fleur des fleurs du divin passetemps
Nous rend joyeulx d'un si grant bien construire,
Sans qu'il luy faille en rien virginité destruire ;
Avecques Dieu et la foy je l'entens.
Noel !

Vierge a conceu le Rédempteur des gens,
Vierge enfanta sans mal et sans martyre.
Pasteurs l'ont visité, roys l'ont voulu eslire
En le nommant le Prince des régens.
Noel !

Supplions luy, tous pauvres indigens,
Que bonne paix veuille en France réduyre,
Au noble roy François aucun ne puisse nuyre,
Et à la fin pardonne aux négligens.

AMEN. Noel !

Grâce et amour.

VIII

Sur : TROP ENQUERRE N'EST PAS BON.

UNG soir bien tard me levay
  Pour veoir à noz brebiettes ;
Mes compaignons je trouvay
Tous garnis de leurs houlettes ;
Et quand je fus arrivé,
Dieu sçait si je fus privé
De dancer ung tourdion.
Chascun avoit son bourdon.
Tousjours taire n'est pas bon,
  Et Alizon joliette
  Disons une chansonnette,
  Chantons donc,
  Tousjours taire n'est pas bon.

Trois soleilz sont apparus
A minuict, je vous affie,
Qui sont en ung devenus :
La Trinité signifye.
Lors les anges sont venus,
Qui ont chanté *Dominus*
Natus est angelorum.
C'est *gloria celorum.*
Tousjours taire n'est pas bon,
  Et Alizon joliette
  Disons une chansonnette, etc.

Ont chanté si doulcement
Que onc n'ouy tel mélodye :
C'est pour nostre saulvement.
Chascun prent sa chalemye,
Marande ne faillit pas,
Beccart le suyt à grant pas,
Piné des Grés, Morillon,
Maint aultre vint au billon.
Tousjours taire n'est pas bon,
Et Alizon joliette, *ut suprà*.

Au parquet où Dieu fut né
Pauvrement entre deux bestes,
Chascun luy a résonné
Triumphantes chansonnettes.
Moulu s'est affaçonné,
Qui par doulceur a donné
Ung très armonieulx ton ;
Aussi jubiloit Mouton.
Tousjours taire n'est pas bon,
Et Alizon joliette, *ut suprà*.

Doulcement nous escoutoit
La très-gracieuse mère,
Qui très-bien nos ditz notoit,
Comme benigne commère.
Aussi Joseph assistoit ;
Le bon homme charpentoit,
Qui avoit peu de charbon
Pour eschauffer l'enfançon.
Tousjours taire n'est pas bon,
Et Alizon jolyette, *ut suprà*.

Trois roys sont venus après
En notable seigneurie,
El luy font présens exprès ;
Mais Hérodes se furie.
Sa raige ne peut celer ;
Partout faict de luy parler
A sa grant confusion
Et à sa dampnation.
Tousjours taire n'est pas bon,
Et Alizon joliette, *ut suprà*.

Joseph estoit adverty
De tirer d'aultre partie;
En Egypte a converty
Le doulx Enfant et Marie.
Prions le Père éternel
Qu'au règne sempiternel
Soit nostre habitation.
Chantons par dévotion,
Tousjours taire n'est pas bon,
Et Alizon joliette, *ut suprà*.

IX

Sur : MA BIEN ACQUISE.

Très bien acquise ostez-nous de soulcy,
Nous submettons tout en vostre mercy :
        Car, comme sçavez,
        Le pouvoir avez
    De nous donner confort.
        Pauvres enfermez
        Faictes défermer
    Sans danger de la mort.

Aurez-vous pas du pauvre Adam pitié
Qui est dolent au lieu d'inimitié,
        Tousjours attendant
        Que soyez rendant
    Le doulx fruict d'amitié,
        Dont on parle tant,
        Que serez portant
    L'heurs de captivité ?

S'on vous à mis quelque cas en avant,
C'est hérésie, à tout homme sçavant
        Malédiction,
        Et perdition

Aux villains blasphémans.
　La conception
　Est inception
De joye à voz amans.

Quant vous avez de l'ange salut prins,
Du Sainct-Esprit avez le pris comprins,
　Et virginité
　Par éternité
Demeure entièrement.
　Par autorité
　De la Trinité,
Il n'est pas aultrement.

Quant votre Filz est naqui sans remort,
Tous sont tombez sodomites par mort.
　Car en vérité,
　C'est la pureté
Que nous devons aymer.
　Sa suavité
　Nous a visité.
En ceste amère mer.

O Vierge saincte, en qui gist nostre espoir,
Impètre nous la paix par ton povoir.
　Car nous congnoissons
　Que nous offensons
Ton Filz perpétuel;
　Reçoy nos chansons
　En bonnes façons
Le sainct jour de Noel.

AMEN.

X

Sur : Une Bergerotte prinse en ung Buisson.

En langue picarde.

Toute âme dévote,
  Par bonne raison,
Chante haulte notte
En ceste saison :
Car Dieu prent maison
En la bachelotte,
  Qui est d'élection,
En la bachelotte
Qui est d'élection.

Une bergerotte
  En dévotion
A trouvé la rotte
De rédemption ;
L'enfant de Syon
Gist dedans sa cotte,
  Par obumbration,
Gist dedans, etc.

La doulce mignotte,
  Pleine de fruict bon,
N'a sceu trouver hoste
Pour gesir adon ;
Mist son enfançon
Sur une pelote
De feurre en ung bouchon.

Gabriel denotte
  Toute la façon.
Chascun gringotte
Sa doulce chanson.
Robin Perrichon
Et Michault qui trotte
Souffle dans son cruchon.

Joseph en sa cotte
Tourne le tison,
Et Marion notte
Les ditz d'Alizon,
Disant au mignon
Que des siens nous cotte
En son livre de nom.

AMEN,

XI

Sur : NICOLAS MON BEAU FRÈRE
LAS BAISEZ MOY AU DÉPARTIR.

SALUONS le doulx Jésuchrist,
Nostre Dieu, nostre frère,
Saluons le doulx Jésuchrist,
Chantant Noël d'esprit.

Par la faulte première
De nos pères jadis,
Fusmes en grant misère,
Perdismes Paradis;
Mais Dieu nous envoye ung beau filz,
C'est Jesus nostre frère ;
Mais Dieu nous envoye ung beau filz,
Qui sera crucifix.

Saluons le doulx, etc.

Il a choisy sa mère
Plus nette que l'or fin,
C'est la belle commère
Esleue à ceste fin :
D'elle vient naistre le daulphin,
C'est Jésus nostre frère,
D'elle vient naistre le daulphin,
Nostre frère et cousin.

Saluons, etc.

C'est chose singulière,
Des souverains éditz
Hérétiques arrière !
Vous estes tous maulditz.
La dame vous rend interdis
De Jésus nostre frère.
La dame vous rend interdis,
Comme folz estourdis.

Saluons, etc.

La playe est fort amère
Que semez par vos ditz.
Elle est la trésorière
De grâce et les conduys.
Par elle nous sommes réduys
A Jésus nostre frère,
Par elle nous sommes réduys
Aux célestes déduys.

Saluons, etc.

C'est ung très grant mystère
Qu'ung roy de si hault pris
Veult naistre en lieu austère
Et si meschant pourpris.
Le roy de tous les bons espritz,
C'est Jésus nostre frère,
Le roy de tous les bons espritz
Duquel sommes apris.

Saluons, etc.

Les pasteurs luy font chère,
Sont ses premiers affins.
Les roys ne font l'enchère
Qui au retour sont fins :
Hérodes déffait les confins
De Jésus notre frère,
Hérodes déffait les confins,
Les innocens voysins.

Saluons, etc.

Aux docteurs en la chaire
Ce doulx filz respondit,
Et sur chascune affaire
Solution rendit.
La dame avoit le cueur afflict
De Jésus nostre frère,
La dame avoit le cueur afflict
Pour Jésus au conflict.
Saluons, etc.

Le diable l'impropère
Par son vouloir malin ;
Mais tousjours le supère
Le sien pouvoir divin.
Sathan est malheureux coquin
Par Jésus nostre frère.
Sathan est malheureux coquin,
Le despouillé bouquin.
Saluons, etc.

Envye qu'on profère
La mort a consenty,
Au Filz de Dieu le Père,
Qui le dard a senty;
Il a esté pis que rosty,
Jésus nostre bon frère,
Il a esté pis que rosty
Nostre Dieu, nostre amy.
Saluons, etc.

En luy faisant prière
Soyons de son party,
Qu'en sa haulte emperière
Ayons lieu départy,
Comme il nous a droit apparty,
Jésus nostre bon frère,
Comme il nous a droit apparty
Au céleste convy.
Saluons, etc.

XII

Sur : IL EST CONCLUD PAR UNG ARREST D'AMOURS.

I L est conclud que nous aurons secours :
Chassons dehors malheureux désespoir.
Le Filz de Dieu s'en vient à nous le cours,
Ayons en luy désormais notre espoir.
  Sans tristesse
   Qui oppresse
  Tout cueur actuel,
   En lyesse,
    Hardiesse,
  Chantons tous Noel.

Bien cinq mil ans ès tenebreuses tours
Nos pères ont prins résident manoir,
En attendant les célestes atours
Que la clarté lucidast au lieu noir.
   En noblesse,
   Qui ne blesse,
  C'est le manuel ;
   Son humblesse
   Nous radresse,
  Chantons donc Noel.

Le Fils de Dieu, où gist nostre secours,
Prent du rachapt des humains plain povoir :
Humbles pasteurs leurs parlemens et cours
Y vont tenir et y font leurs devoirs.
   La richesse
   Sans chissesse
  Des roys de nouvel,
   C'est largesse,
   Par saigesse
  Chantons donc Noel.

O Roy des roys, plain d'humaines amours,
Remplys nos cueurs de ton begnin vouloir,

Te plaise ouyr nos piteuses clamours,
Suscite paix pour guerre à nonchalloir.
        Foy radresse
        Qui abaisse
    Le spirituel
        Qui possesse
        Ne nous cesse
    De chanter Noel.

XIII

Sur : Lariran lariran laine lariran fa
S'il est en ma posté.

Chantons tous à voix doulcettes,
    Pour ce mystère nouvel,
Que Jésus prins d'amourettes
Vient pour nous naistre à Noel.

    La chose est nouvelle
    De vierge enceinter,
    Et la chose est belle
    De Dieu enfanter.
    Et nature est telle
    Qu'el n'en peut chanter ;
    Car sans cautelle
    Dieu nous veult hanter.

Chantons tous, etc.

    La vierge Marie
    Voua chasteté.
    A Joseph marie
    Son humilité ;
    Mais point ne varie
    De sa pureté.
    Qui y contrarie
    Ne dit vérité.

Chantons, etc.

Le mystère annonce
L'ange Gabriel;
Marie en responce
N'a vouloir charnel.
·A Dieu est semonce
Par veu solempnel.
Nature renonce,
Pour bien éternel.

Chantons, etc.

Print la doulce vierge
Salutation,
Qui lors fut concierge
De rédemption.
Elle print le cierge
De fruition,
Qui est notre pleige
Et tuition.

Chantons, etc.

De la toute belle
Dieu fut amoureulx,
Qui ne fut rebelle
Aux ditz savoureux.
Gabriel révelle
Le mot très-heureulx.
Le dyable en chancelle,
Comme douloureux.

Chantons, etc.

A minuict enfante
Nostre Rédempteur,
Vierge triumphante,
Sans sentir douleurs.
L'enfant nous présente
Pour réparateur;
Joye ne se absente
De son noble cueur.

Chantons, etc.

Gabriel plaisante
Vers les pastoureaulx.
Ténèbre est luysante
De ses ditz royaulx ;
Doulcement leur chante
Mystères nouveaulx,
Que la vierge enfante
Le pris des loyaulx.

Chantons tous à voix, etc.

Les bergiers allèrent
Où l'enfant est né,
Plaisans l'adorèrent ;
Et luy ont donné
Dons qu'ils présentèrent,
Et si ont sonné ;
Puis s'en retournèrent
Au lieu ordonné.

Chantons tous à voix, etc.

Or faisons prière
Au petit enfant
Que soubz sa bannière
Aillons triumphant,
Et paix singulière
Vienne maintenant :
Si ferons grant chère
Au bon jour venant.

Chantons tous à voix, etc.

XIV

Sur : Je demeure seulle esgarée.

Puisque Marie est accouchée,
  Pastoureaulx resjouyssez-vous.
Gloire est làssus au ciel couchée,
Et Dieu qui est begnin et doulx
En terre sert paix sans courroux,
Car c'est cy le temps ordonné,
Chantez, le Filz de Dieu est né.

C'est icy l'heureuse nuictée
Que vous devez estre joyeulx
De la précieuse portée
Que vous voirrez devant vos yeulx.
Vous voirrez l'enfant glorieulx
Entre deux bestes pauvrement,
Qui a créé le firmament.

Tous les pastoureaulx de Judée
Ont laissé leurs bestes aux champs,
Et ont par voix recordée
Mainte raison en leurs doulx chants ;
Les simples gens, non pas meschans,
Ont trouvé le benoist saulveur
Et l'ont adoré de bon cueur.

Là estoit la vierge honorée,
Adorant son filz et seigneur ;
Considérait la bien heurée
De ces pauvres bergiers l'honneur,
Leurs faictz, leurs ditz, par grand douceur.
Aussi fait Joseph le preudhoms,
Qui des pasteurs avait prou dons.

Puis s'en revont d'une assemblée
Glorifians le créateur.
Trois roys n'ont la feste troublée
En visitant le Rédempteur.
Hérodes le calumpniateur
Fait les innocens mettre à mort ;
Mais il cognoistra qu'il a tort.

Le roy plein de cucur brassée
Du conseil de ses familiers
En fist mourir d'une passée
Cent cinquante et deux miliers.
Joseph fuyt par les sentiers
Et saulva le Saulveur très-doulx.
Prions luy qu'il nous saulve tous.

                         AMEN.

XV

Sur : AU BOYS DE DUEIL.

Resveillez-vous, venez gaigner le pris,
  Gens endormis, prenez en vous liesse.
Crainte n'ayons désormais de périlz,
Chantons Noel par bonne hardiesse.
Si triste esmoy nous a long temps détins,
Il vuide hors; car Jesus est retins
            Pour mettre en cure,
            Ce qu'on procure,
            Toute nature,
      Adam et sa postérité.
            La forfaicture
            Prendra fracture
            Par ung Mercure
      Qui a très grande auctorité.
            Noel !

Au beau verger du souverain pourpris
Dieu mist Adam remply de grant noblesse.
Or contemplez, tous notables esprits,
Comment Sathan par cautelle nous blesse.
Voyant formé l'homme si bien aprins,
Despit en luy cruellement a prins.
            Lors luy énorme
            Serpent si forme,

Laid et difforme
Monstrant sa misérableté;
La femme et l'homme
Fist mordre en somme
Dedans la pomme
Dont tout vint à perplexité.

Noel !

Or fut Adam en lamentables cris,
Pleignant son mal en piteuse tristesse ;
Au boys de dueil ténébreux ses escriptz
Echo respont et respondra sans cesse.
L'originel péché y est comprins,
Dont serions sans baptême reprins,
Qui purifie,
Qui vivifie,
Cil qui se fie
Au Filz de Dieu en vérité,
Qu'on crucifie,
Que mort deffie,
Qui nous affie
Tout amour sans sévérité.

Noel !

Au temple esleu les supernelz descriptz
Ont mis leur fort prosperant par humblesse :
Qui de Sathan a tous les sors prescriptz
Et n'a usé que d'amour sans rudesse,
Les plus restifz et hardys ennemys
A tins confus et plus bas qu'asnes mys.
Les bons invite,
Mors ressuscite,
Chascun incite
A laisser immondicité.
De mort n'est quicte,
En croix s'acquicte,
Enfer despite
Pour ouvrir la saincte cité.

Noel !

O bon Jésus qui repais et nourris
Tous chrestiens par manne de haultesse,
Nos vieulx péchez énormes et nos ris
Ne prens à cueur, mais donne-nous adresse
Que ne soyons à nostre mort surprins.
Si parviendrons, comme il est entreprins,
  Au ciel empire
  Où nul n'empire,
  Mais joye aspire,
 Tout chante par félicité
  Hault roy et sire,
  Chascun désire
  Chanter et dire
 Noel en grant joyeuseté.

   Noel !

XVI

Sur : Qui la dira la douleur dé mon cueur.

Qui chantera Noel du bon du cœur,
 En honorant celle qui Jésus porte,
De l'ennemy se trouvera vainqueur,
Car luy porté rompra d'enfer la porte.

   Noel !

L'ange aux pastours a chanté par doulceur :
« Laissez les champs ; ung chascun se transporte
« Vers Bethléem, où Dieu nostre Saulveur
« De Vierge est nay, comme je vous rapporte.

   Noel !

« Gentils bergiers n'ayez cause de pleur,
« Gloire est au ciel à Dieu qui nous conforte,
« En terre est paix aux hommes de valeur,
« Car Jésuchrist a sur tous la main forte. »

   Noel !

Bergiers oyans l'amyable clameur,
Sont resjouys trestous de bonne sorte,
Et en chantant ont laissé leur tremeur,
Mais pour vray Dieu ung chascun d'eulx s'assorte.

Noel !

Venans au lieu, luy ont faict tout honneur,
Joyeulx dictons de merveilleux emporte
Présens donnoyent au souverain d'honneur
Et si n'a rien et tous biens nous apporte.

Noel !

Les roys ont veu la haultaine splendeur;
Adoré l'ont. Hérodes s'en déporte,
Car luy tenant d'avarice l'ardeur
Rend d'innocens mainte légion morte.

Noel !

Ung ange fut à Joseph enseigneur
Que mère et fils à son povoir supporte.
Supplions tous, tant majeur que mineur,
Que nous soyons tous mis en leur cohorte.

Noel !

AMEN.

XVII

Sur : Mauldit soit il qui fist amours,
Qu'il ne les fist durer tousjours.

De chanter il est bien saison,
Chantons Noel, car c'est raison
Joye sans comparaison,
Noel, noel.
Exaulcée est notre oraison.

Noel !

Adam est mis hors de prison,
Qui longtemps par mesprison
Attendoit ce que nous prison.
     Noel, noel.
Jésus a fait la guarison.

          Noel !

Si voulez sçavoir la façon,
Gabriel chanta la chanson
A Marie qui sceut la leçon.
     Noel, noel,
Et d'elle nasquit l'enfançon.

          Noel !

En une très pauvre maison
Pastoureaulx vindrent à foyson
Garnis de chascun sa toyson,
     Noel, noel,
Guillot, Denys et Alizon.

          Noel !

Chascun avoit advision
De porter provision
A l'enfant filz de Marion,
     Noel, noel,
Et chantoyent sans dérision

          Noel !

De guerre n'estoit question,
Chascun estoit d'opinion
D'adorer le petit mignon,
     Noel, noel,
Qui nous doint paix et union.

          Noel !   Amen.

XVIII

Sur : ¿JE M'Y REPENS DE VOUS AVOIR AYMÉE.

GENTILS pasteurs, qui veillez en la prée,
Abandonnez tout amour terrien,
Jésus est nay, ne vous craignez de rien,
Chantez Noel de jour et de vesprée.
          Noel !

Laissez aigneaulx repaistre en la contrée,
Gloire est aux cieulx pour l'amour de ce bien
Qui porte paix, amour et entretien ;
Allez le veoir, c'est bonne rencontrée.
          Noel !

Ur est esmeu tout le pays de Judée,
Pasteurs y vont, ne demandez combien,
Portant présens et de va et de vien ;
Sans celer rien leur bource fut vuidée.
          Noel !

La toison d'or qui est emprisonnée
Sera dehors de ce cruel détien,
Car Jésus est trop plus nostre que sien :
Pour la tirer la chose est jà sonnée.
          Noel !

Aurora vient que la nuyct est finée,
Honnestement et de très-bon maintien
Rompu sera tout le fier et aspre chien
Portier d'enfer ; sa cause est assignée.
          Noel !

Prions Jésus qu'à la saincte Journée
Ayons de luy tout appuy et soustien.
Vierge Marie, il est nostre, il est tien,
Compose o luy que paix nous soit donnée.
          Noel !

      AMEN.   *Grâce et amour.*

XIX

Sur : Ung tour d'aymer,
Baysez moy tant tant.

Chantons Noel, menons joyeuse vie,
Enfans d'honneur ayez de joye envye ;
Car Dieu est nay, va l'ange racomptant.
Plaisons lui tant, tant,
En luy récitant,
Qu'il ne nous laisse mye
Et sa mère autant.
En noel chantant,
Sera bien notre amye.
Noel.

Disposons nous, fuyons mélencolye,
Et délaissons tout péché et folye
Pour recepvoir le daulphin triumphant.
Tout le cueur luy fend :
Le petit enfant
A chière tant jolye,
C'est ung éléphant
Qui tous nous deffend :
Tenèbre est abolye.
Noel.

Gentils pasteurs, tristesse est en oublye,
Joye est aux cieulx et en terre anoblye,
Fuyez esmoy, ayez le cueur plaisant.
Et en ce faisant
Dieu vous va baysant,
Qui sa grace publye
En satisfaisant.
Sathan desplaisant
A la main affoiblye.
Noel.

De cueur, de corps convient qu'on le suplye
Que nous ayons planière grâce emplie,

Pour recevoir un si cher dyamant.
Le petit amant
Allons réclamant
Et sa mère Marie,
Nos péchez blasmant :
En la proclamant,
Toute paix est nourrie.

Noel !

AMEN.

~~~

XX

Sur : AMY SOUFFREZ QUE JE VOUS AYME.

PÉCHEURS souffrez que Dieu vous ayme
Et qu'il appaise sa rigueur :
Il ne demande que le cueur,
Chantez Noel de corps et d'âme.

Noel !

Ces jours a choisy une dame,
Dame de pris et de valeur,
Par le Sainct Esprit en valeur,
Qui sans corruption l'enflamme.

Noel !

Nostre nature estoit infame ;
Mais Dieu le haultain créateur,
Pour estre de nous rédempteur,
A voulu naistre d'une femme.

Noel !

La saincte Vierge, sans diffame,
L'a porté sans souffrir douleur,
Et aussi sans changer couleur,
Qui est ung noble los et fame.

Noel !

Nature n'est point de la game,
C'est pour l'œuvre du grant facteur
Qui a composé nostre acteur,
Qui rend Sathan pis que bigame.

Noel!

C'est bien raison que l'on réclame
La Mère du benoist Saulveur
Et d'impétrer d'elle faveur
Pour avoir lieu où paix se clame.

Noel !   AMEN.

XXI

Sur : LE TRIHORY DE BASSE BRETAIGNE.

Noel en breton qui parle françois.

TYVONNET et Mathery, Hervé, Henry,
        Trudaine,
    Faison en ung chantery
    Ung beau hery,
    Gent et joly,
    Ennet demain :
        Noel!

Ma père, il a dit que Adam
Eut ung beau fam,
Qui mordoit en ung pomme,
Par quoy Dieu de son meson
    Mist le bon hom.
Entrez dehors garsonne,
Vous irez petez dehors
Ta meschant corps,
    Villaine.
Vous en aurez pour le mors
Plusieurs remors,
Soyez en certain,
    Tyvonnet.

Qant le dyable il aura veu
Sa despourveu,
Trandoue qu'il est daise,
Il est dallé, il est venu
Villain cornu :
C'est ung beste mohaise.
Mais Doe de paradis
A mi sa filz
En peine,
Et est venu de sa pays,
Ce disont ilz,
A puissant main,
Tyvonnet.

Adam, il estoit chassé,
Perdu, lassé
Ou vieu maison du dyable;
Mais Diou il a pourchassé
Ser che trace
Ung beau vierge amyable.
Gabriel il est dallé
Et devallé
Soubdaine,
Au beau vierge a dit :
Amen, nomen Eve
Seras mis plain,
• Tyvonnet.

Le Doe il est nasqui
Tant beau, genty,
Seullement sur de paille.
Ung asne est emprès tappy;
Ung vache aussi
Son halayne lui baille.
En ung vieu maison
Il est l'enfantelet
Tant jeune ;
Il aura ma gastelet,
Ma tourtelet,
S'il a besoing,
Tyvonnet.

Je porty ma flageollet
   Et ma muset,
Et sonneray d'atache
Trihory joly dehet,
   Languilloset.
G'iray comment un vache.
Je feray dancer Mary
   Avecques luy,
     Dandaine.
Joseph sera endormy,
   Le bon hommy
    N'est pas trop sain,
     Tyvonnet.

Au petit dociaure
   Que je feré
Ung poupine en son crache ;
Neppes je luy porteré,
   Morceau doré,
Chappon de Cornouache.
Il aura le bon barat,
Le guyne math à plaine,
L'Orleans vin, l'Achevin,
   Le Poetevin,
    S'il aura faim,
     Tyvonnet.

Je prieray dévotement,
   Mignonnement,
Le petit et son mère,
Que j'auray joyeusement
   Vin largement,
Or en mon gibecière
Et neppes, finablement
   Mon saulvement
    Soubdaine :
Si chanteray haultement,
   Godinement,
    Au lieu haultain,
   Tyvonnet.
     AMEN.   Noel !

XXII

Sur : ᴅɪᴄᴛᴇs ᴍᴏʏ ʙᴇʟʟᴇ ᴠᴏᴢ ᴘᴇɴsᴇ́ᴇs.

Vɪᴇʀɢᴇ dictes vostre pensée,
Car nous avons à vous amour :
Nous vous aymerons chascun jour,
Comme digne d'estre prisée.

Par vous l'abisme est espuysée,
Adam est remis à séjour.
Il avoit failly à son tour,
Sa secte étoit bien abusée,

Noel.

Vous avez esté si rusée,
Que Sathan prévaricateur
Avez rendu adulateur,
Privé de toute sa visée.

Noel.

Vous estes si auctorisée
De Dieu le Père Créateur,
Qui a mis en vous tout son cueur,
Et vous tient pour son espousée.

Noel.

Sathan est en la fricassée,
Par vous il a maulvais atour;
S'il vous demande le retour,
Sa teste sera renversée.

Noel.

Nous vous prions, Vierge honorée,
Qu'il vous souvienne de nous tous;
Car soubz vous nous vivons trestous,
Mère de Dieu très décorée.

Aᴍᴇɴ.

XXIII

Sur : LA BELLE TYRELIRE.

En poctevin.

Sus compeignon, vin chanter nau,
    Dancer la tyrelire :
Escoute in poy et tu verras bin rire.
L'aultre net nous estions assis,
Janot, Adenet, cinq ou six,
Gardans moutons groux et massis,
    Ne sçay quay nous vint dire.
        Noel !

On l'estoit fait don corps comme de cyre,
Par dessus nous à ceau vollant
Mais que in papillon bavollant,
Et nous disoit en flaiollant
    Qui servoit le grant sire.
        Noel !

« Allez, dist-oa, ne vueillez contredire,
« En Bethléem sans grant travau,
« Courez tous d'amont et d'avau.
« Iquo qui tous vous gard de mau
    « Est né, chascun y tyre.
        Noel!

« Pour obvier qu'Adam n'ait le martyre
« Des infernaulx, présentement est né,
« Au boeuf et asne habandonné;
« De l'eschauffer m'a ordonné. »
    Tousjours de mal en pire.
        Noel !

Oul eust bon fait ce qui nous dist escripre :
Huguet estoit in compeignon
Qui d'estre clerc avoit regnon,
Il escripvoit forment son nom,
Mais il ne l'eust sceu lire.
        Noel !

Quant fusmes là, veismes Dieu de l'empire
Sur du foing comme indigent ;
Ou n'y a si meschant sergent
Qui voulsist pour or ni argent
    Tant de meschance eslire.
        Noel !

Nous des premiers y fusmes pour y bruyre ,
Oui y en vint de Sainct-Genoulx,
Et d'autres de Sainct-Jehan des Choulx,
Et cinq ou six vilains tignoulx
    Qui estoient de Saint-Cyre.
        Noel !

J'avois des tripes que pas in ne sceut frire.
Ou n'avoit grain de ferrement,
Je fus contraint premièrement
D'aller broutiller du serment.
    Dont Guillot les fist cuyre.
        Noel !

Trois grans seigneurs y vindrent d'une tire :
In berbu donna des joulneaulx ;
L'ung d'eulx, qu'in avoit plains drapeaulx,
Estoit plus noir que les corbeaulx :
    Il nous fist trestous fuyre.
        Noel !

Prions iquo qui en bin nous vint duyre,
Quo luy plaise ce jour de nau
Nous préserver trestous de mau,
Hors du diamore infernau
    En la fin viengne conduyre.
        AMEN.

XXIV

Sur : MON PETIT CUEUR HÉLAS.

CHANTONS noel, noel,
De voix doulce et jolye,
Pour ce daulphin noel
Qu'a enfanté Marie.

    Noel !

Il s'est fait pur aygnel,
Luy chef de nostre vie :
Péché originel
N'aura plus courcerie.

    Noel !

Le peuple d'Israel
Aura sa prophétie ;
David et Samuel
L'avoyent prédit messye.

    Noel !

Or, prince criminel,
Ta puissance est tarie ;
Car le Roy solempnel
A ta proye saisye.

    Noel !

C'est le Filz supernel,
Dont parloit Ysaye,
Qui est Dieu éternel :
Croy Enoch et Helye.

    Noel !

Jésus Emmanuel,
Qui la Vierge a choisie,
Faictz pardon mutuel
Au peuple qui te prie.

    AMEN.

❦

XXV

Sur : ALLEZ LUY DIRE, ALLEZ LUY DEMANDER.

Vivons en joye, ne soit dueil affermé,
Car de tristesse Noel a l'huys fermé.

Trop cousta cher le petit mors
   Du premier père ;
Car par cela estions mors,
   En grant misère.
Le vitupère sera trop réparé,
Car pour mourir Dieu a jà préparé.

   Vivons en joye, etc.

Nature humaine fut en pleurs
   Des ans cinq mille ;
Mais, pour estaindre la douleur
   De la famille,
La belle fille royalle de Jessé
A porté fruict par qui tout est adressé.

   Vivons en joye, etc.

Dieu voyant nostre piteulx cas
   Choysit Marie ;
Dist Gabriel : « Ne faillez pas,
   « Car c'est ma mye.
« Allez luy dire, allez luy demander
« Si c'est pour moy qu'elle se veut garder. »

   Vivons en joye, etc.

Gabriel vint incontinent
   Pour son messaige,
Luy faisant salut éminent :
   « Vierge très-saige,
« En ton corsaige vient prendre humanité
« Le Filz de Dieu plain de divinité. »

   Vivons en joye, etc.

Vierge conceupt et enfanta
Et est pucelle :
Très pure Vierge l'alaicta
De sa mamelle,
· La toute belle le Saulveur a porté
Qui donne à tous joye et félicité.

Vivons en joye, etc.

Pauvres pécheurs retirons nous
Vers celle dame
Qui a porté ce fruict tant doulx,
Qui tant nous ayme,
Que de tout blasme dont le cœur est taché
Soyons absoulz et de mortel péché.

Vivons en joye, etc.

AMEN.   Noel.

❧

XXVI·

**Sur : MON MARY N'A PLUS QUE FAIRE
DE VENIR EN NOZ MAISONS.**

EN ce saint temps salutaire
Chantons, car il est saison.
Dieu descend pour nous retraire
De l'infernalle maison :
La chose est seure.
Chanter devons, car c'est raison,
De voix très pure.

Noel.

Une vierge débonnaire,
Heurée sans comparaison,
A voulu ung amy faire
Qui a tollu la poyson,

Qui a tollu la poyson
De la morsure;
Car tout est mis hors de prison
Par sa mort seure.
    Noel !

Au départir de l'amye
N'a sceu les yeulx contenir :
« J'ay désir, ne doubtez mye,
De m'amour entretenir,
De m'amour entretenir.
    Saulvant nature,
M'amour my faict à mort venir,
    Soyez asseure. »
    Noel !

« Mon amy, la départie
M'est bien dure à soustenir.
Grant douleur m'est impartie,
Je ne sçay que devenir.
Je ne sçay que devenir,
    Pauvre esperdue,
Las, doulx Jésus, le souvenir
    De vous my tue.
    Noel!

« J'ay mon âme pertransie
Du fier glayve de douleur,
Quant mon amy on crucie.
Je pers toute ma couleur,
Je pers toute ma couleur;
    Sans joye heureuse,
La dame suis plaine de pleur
    Très-angoisseuse.
    Noel !

« Mon doulx amy et mon maistre,
Voulez-vous mourir sans moy.
La douleur où vous voy estre
M'a toute transsie d'esmoy.

Vous qui estes Dieu et roy
    Plain de puissance,
Estes mis en cruel desroy,
    A grant meschance. »
        Noel !

L'amy respond à l'amye :
« Par amour ne fault mourir;
Car de la main ennemye
Fault nature secourir.
— Cest'amour me fait languir,
    Ce dist la dame,
Mon cueur est tout prêt de s'ouvrir
    Et rendre l'âme. »
        Noel !

Considérez, gent humaine,
L'amour du benoist Jésus
Et de sa mye souveraine,
Et la douleur du parsus :
Il est venu de lassus
    En grant misère.
Prions leurs qu'amours lièvc sus
    Nostre prière.
        AMEN.

XXVII

Sur : DIEU TE GARD BERGIÈRE.

En poytou.

BERGIER et bergière,
    Gardons noz moutons,
Par gaye manière
Noel, nau chantons,
Noel, nau chantons.
        Noel !

Dy haut Robinet,
Faictz tu bonne chière,
Et toy Colinet
Avecques Pasquière
Vis tu la lumière,
Comme ardans buyssons,
Qui ceste nuict clère
Faisoit chantz et sons.
Faisoit chantz et sons ?

  Bergier et bergière.

 ange, qui volloit
Devant et derrière,
Si bien gringolloit
Sa doulce gorgière
Qu'ol estoit gorrière
Iquelle chanson,
M'arme ! ol est ouvrère
De bonne façon.

  Bergier et bergière.

Quant j'ogu son chant,
Je fus tant en rièvre,
J'accouroys saultant
Comme nostre chièvre ;
J'eusse prins ung lèpvre,
Tant fort courions :
Mon chapeau de bièvre
Chut à mes tallons.

  Bergier et bergière.

Mouton jubiloit
Avecques Màrande,
Claude accordoit
D'une façon grande,
Jehan des Grez s'abande
Avec Morillon.
Chascun faict offrande,
Jubilation, nau, nau, jubilation.

  Bergier et bergière.

Là sourvint Gilquin,
Qui faisoit merveille,
Et soir et matin
Chose nompareille.
Piné s'appareille,
Jouans si parfons,
La couleur vermeille
En vint en leurs frons, nau, nau. En vint.

Bergier et bergière.

Chascun escoutoit
Ceste mélodie.
Dieu sçait s'on saultoit
Et menoit grant vie.
J'avois la pepye
A mes gorgerons,
Quant je prins la pluye
Des jolys flacons, nau, nau. Des jolys.

Bergier et bergière.

Quant fusmes venus
En la maisonnette,
Chascun print son lucz,
Dist la chansonnette.
La dame se haicte,
Quant la saluons
De telle disette
Comme nous faisons. Nau.

Bergier et bergière.

L'enfant regardoit
Ceste fantasie.
Chascun luy faisoit
Quelque courtoysie;
Chappeau de fairie
De rouges boutons,
Par chère jolye,
Nous luy présentons. Nau.

Bergier et bergière.

Ung touasse y vint
O sos grans galoches ;
Ung convy y tint
Des gooz et des loches,
De margains en broches,
De godulerons ;
Et du boys des roches
Faisions charbons. Nau.

Bergier et bergière.

Quant eusmes assez
Mené la trudaine,
Nous fusmes lassez
Plus que de sepmaine ;
Sans qu'on nous enmaine,
Le chemin prenons.
Dame souveraine,
De vous nous tenons, nau, nau,
De vous nous tenons.

Bergier et bergière.

❦

XXVIII

Sur : HURELUGOGU QUEL DOULCE DANCE
TANT LE JEU M'Y SEMBLE MIGNON.

Chanson en poytou.

LE jour est vengù, hay la grant chère,
Mère ol est temps de crier nau.

En y coing d'une brière,
Pasturant le bestiau,
Est sordu yne lumière :
Sembloit d'ung croissant nouveau.

Le jour est vengu, etc,

M'arme ! y regardois derrère,
Estourdy comme yn veau,
Quant j'ogu chanter à tère :
« Reveille tay pastoureau. »

Le jour est vengu, etc.

Sembloit d'une fourmière
De nous veoir en yn monceau ;
Mère y ne tardasme guère
A congnoistre Gabriau.

Le jour est vengu, etc.

Nous 'dist : « Bergier et bergière,
Délaissez tout le trouppeau,
Dé est en la mengcouère
Sur du foin en in rasteau. »

Le jour est vengu, etc.

L'ange s'en retourne arrère,
Vollant comme yn estourneau.
Radoube ma panetère,
Mis ma gueyne en mon cousteau.

Le jour est vengu, etc.

Galleron et sa commère
Et Phelippin du préau
Ont passé par la barrère
Et saultent comme yn veau.

Le jour est vengu, etc.

Passant par yne bourbère,
De vray mis le pied en l'eau,
Y vouestre ma penillière :
M'arme ! o n'estois guère beau.

Le jour est vengu, etc.

En y quelle net tant clère
Nous rendismes à l'haustau ;
Ol y avoit yne mère
Qui alaictoit l'enfanteau.

Le jour est vengu, etc.

Iquelle gente commère
Est doulce comme yn aigneau,
Regardoit nostre manière :
Le jour est feriau.

Le jour est vengu, etc.

Une cassette dousère
Luy présenta Guilloteau ;
Radaboyne ma faurère
Et luy donne yn oyseau.

Le jour est vengu, etc.

Pesque la feste est entrée,
Rigollons. Ce bon homeau,
Qui tremble près la foyère,
Ol est piteulx chimereau.

Le jour est vengu, etc.

Adieu, madame, vierge entière,
Priez Dè pour nostre mau,
Et que son huys nous appère,
Au grant jour judiciau.

Le jour est vengu, etc.

XXIX

Sur : Qui en amour veult estre heureux.

En ce sainct temps si précieulx
Que veult florir l'arbre de vie,
Chantons noel, gens gracieulx,
Disons quelque chanson jolye,
Sans souhaiter mélencolye,
Pour la Vierge, Royne des cieulx,
A celle fin qu'elle nous deslye
Des mains du dyable vicieulx.

En son ventre délicieux
Porta la rançon establye,
Pour nous oster des obscurs lieux
Où raige et dueil font omélye;
Et par sa puissance embélye
A vaincu les chiens envieulx,
Et leur gravité abollye
Pour nous saulver jeunes et vieulx.

La toute belle sur les fleurs,
Du benoist Saulveur vraye amye,
Confondit le prince de pleurs,
Rendant sa puissance endormye.
C'est la tour de David fermye,
Adornée de riches couleurs,
Qui encontre nul ne fremye
Et ne craint assaulx ny douleurs.

Le refuge des douloureux
Est celle, je vous certifie,
L'appuy des pauvres langoureux
En qui lyesse vivifye.
Son père et filz la déifie
Et d'elle mesme est amoureux
Et qui plus est luy notiffie
Faire ses serviteurs heureux.

Intronisée est pour le mieulx
Au lieu de plaisance infinie,
A la dextre du Dieu des dieux,
En délectation unie;
Comme emperière est anoblie,
Oincte de flagrantes liqueurs,
Par privilége se publie
Médiatrice des pécheurs.

Elevons donc trestous les cueurs
Vers la bonne dame Marie,
Affin qu'el nous rende vainqueurs
Et que nul de nous ne varie,

C'est bien raison qu'on la supplie,
Chantant de cucur affectueulx,
Que pour nous son povoir desplie
Si serons trouvez fructueulx.

AMEN.   Noel.

XXX

Sur : CE MIGNON QUI VA DE NUICT
ET DEBBE SUR VA DY MICHEAU,
·GRINGUELIGOLONS NAULET, NAU.

QUE fais tu là, dy pastoureau?
Du chant ne te souvient-il point
Que nous a faict l'ange dau ceau,
Tandis qu'on cousoit mon pourpoint,
    Que d'une dame
    En corps et âme
Estoit nasqui in enfanteau ?
Mère, o n'en vy grain de beau,
Et debbe sur va dy Michau, etc.

Hurelu, Noguet et Clabot
Ce sont hugrement esvoillez.
Colinet a prins son sabot,
Qui avoit perdu son selier.
    Chascun court, trotte
    A plaine rotte ;
Quant vint à passer un russeau
Mordet en eut plain son houseau,
Et debbe sur va dy Michau.

Alizon venoit en courant,
Disant que voyre après nous tous
Iquau chemin estoit tirant ;
Mais aussi elle avoit la toux.
    Son derrère sonne
    A grosse tonne.

M'arme ! ol est plus gros qu'in tonneau
Iquau chansou de son bruneau.
Et debbe sur va dy Michau.

M'arme ! o fusmes esmerveillez
Quant voguismes le petit Dé.
O ne failut grain l'éveillez,
Il nous attendoit à mesdé,
  En une cresche.
  L'asne le lesche,
Le beuf estoit du rastau,
Mère, qui congnoissoit iquau
Et debbe sur va dy Michau.

Je me lance sur mes genoix,
Oi fict Darbot et ses recors ·
Et luy presentasmes des noix,
Faisans hommaiges de noz corps.
  Point ne mignue,
  Il éternue,
Menaçoit ung grant sotereau,
Or villain nommé Sathaneau.
Et debbe sur va dy Michau.

Je lui donne ung gresillon
Doulcettement en l'acollant,
Hoquedé baille in papillon
Qu'il avoit happé en vollant.
  Jehanne de Solles
  De ses herbolles
Fist ung bouquet plus bon que beau,
Qu'el donna au petit hardeau.
Et debbe sur va dy Michau.

Guillot, o son nez prunelle,
Tantost s'est prins à pioller
Le vent de sa vèze à volle,
Il au failly la recoller,
  Plustost elle pigne,
  Mais el rechigne,
Ma foy ol est plus sot qu'in veau,
Iquau meschant turrelureau.
Et debbe sur va dy Michau.

J'étions tous affolatrez,
De trouver quelque beau jouoit ;
Quant nous fusmes enharnachez,
Dieu saiche comme tout bruct.
    Nul ne se muce.
    L'asne repulce ;
Hay va Martin près le bouveau,
Retirez va vostre museau.
Et debbe sur va dy Michau.

Quant j'eusmes treppé yn grant tas,
Nous en vouismes retirer,
Dismes adieu au petit gars,
Qui nous cuidoit faire sonnez.
    Adieu Marie,
    N'oublyez mye
Nostre attrait en ung monceau,
Et nous vous donrons un torteau.
Et debbe sur va dy Michau.

Joseph nous cuida dire adieu,
Qui avoit baril au nez :
Plus rien ny avoit en iqueu,
Le pignart en fut bien pugniz ;
    Mais quel grimace !
    Il se prélace
Et va torcher son hardiau,
Car plus n'y a de vin nouveau.
Et debbe sur va dy Michau.

Nous attivelles fault serrer :
Retournons plus tost que le pas.
Il nous fault des loups enserrer,
Si nous les trouvons en nos parcs.
    Adieu la belle
    Vierge pucelle,
Logez nous en vostre chauffault
Ou grant travaillez de là hault.

      Amen.   Noel.

XXXI

CHANTONS plus hault que à la foyre,
     Ma foy voire,
Disons nolet, nolet, nolet, nau.

Laisse va ta vache noire,
Retire toi du préau.
Or est saison, dois-tu croire,
De laisser iqueau troupeau.
Laissons et vasche et veau
En la pasture pour braire.
     Ma foy voire,
Chantons tous à ung monceau,
   Chantons naulet, nau.

Godillon, Hervé, Grinbelle,
Bussebran et Jolyveau,
Et toute la kyrielle,
Faisons tretous feu nouveau,
Et mengeons nostre tourteau :
Si aurons talent de boire,
     Ma foy voyre,
Avallons nostre morceau.
   Chantons naulet, nau.

Rigollans en chère belle,
Passons et masre et ruisseau.
Dieu est né d'une pucelle,
Ce dist l'ange Gabriau.
C'est le petit roy dau ceau,
Qui nous donnera gloire,
     Ma foy voire.
Allons tous veoir le douceau.
   Chantons naulet, nau.

De ma doulce pennetère
Ly donneré in chanteau
Et pour faire yne bavère,
Le moucet qui est si beau

Ou pour torcher son museau.
Si aura de moy memoire,
  Ma foy voire,
Des prunes in sursommeau.

  Chantons naulet, nau.

Collette la grant bergière
S'est tirée près du rasteau,
Pour ce qu'elle estoit laictière,
Du lait plus d'ung plain houseau,
Prensenta en ung vaisseau
Qui n'estoit pas fait d'ivoire,
  Ma foy voire ;
L'escuelle fut de fousteau.

  Chantons naulet, nau.

Geffroy de sa tricaillère
Denigea in passereau.
Margot de sa cramillère
Ly donna yn gros boyau.
Chascun fait présent nouveau
D'une pomme ou d'une poire,
  Ma foy voire;
Au petit enfant royau.

  Chantons naulet, nau.

Ung grant bon homme de père,
Ensepelé d'ung manteau,
Regardoit tout ce mystère;
Sembloit qu'il le trouvoit beau,
Marmonnoit ung grant monceau,
De grandes ce devez croire,
  Ma foy voire,
Tout alentour du berceau.

  Chantons naulet, nau.

Chascun dit sa ratelée
Sans boucher du chaumineau,
Et pour nostre bien allée
Gringolasmes in rondeau.

Dismes adieu au hardeau
Qui rioit de nous veoir faire,
  Ma foy voire,
Yn si beau billebateau.

 Chantons naulet, nau.

Prions le filz et la mère
Qu'en son logis éternau
Nous loge sans vitupère,
Maulgré le dyable infernau,
Qui tousjours veult faire mau,
Par sa cautelle notoire,
  Ma foy voire.
O qu'il est lait le maraut !

 Chantons naulet, nau, etc.

XXXII

Sur : En contemplant la beaulté de ma Mye.

En contemplant la beaulté de Marie,
La trinité par institution
Lui envoya la salutation,
Dont de plaisir sa pensée fut ravye.

« Temple de paix, de pureté jolye,
De Dieu te faictz la nunciation,
Car en toy veult prendre incarnation
Et décorer ta maison jolye. »

La vierge lors vers l'ange s'humilie :
« Soit fait selon ta récitation. »
Le Sainct Esperit fist l'opération,
Nature fust pour cest'heure endormye.

Neuf moys porta le pris de notre vie ;
Vierge enfanta nostre rédemption,
Vierge alaicta des roys l'élection,
Vierge mourut et est encore en vie.

L'ort des puans pères de villanie
Est absorbé, car son infection
N'a point touché le précieux Syon,
Dont le pouvoir a sa bourbe honnie.

Mauldit Sathan par fureur brais et crie,
Raige vomis en désespération,
Toujours auras vitupération,
Douleur, malheur par la Vierge esclarcie.

Vierge de pris, où tout bon cueur se fye,
Touche nos cueurs par inspiration,
Que nous puissions avoir salvation,
Où ta beaulté sans cesse clarifie.

AMEN.

⁂

XXXIII

Sur : JAMAIS NE M'AVIENDRA BRUNETTE.

JAMAIS ne cessera la feste
Toujours on chantera noel.

J'ay ouy la criée
Des haulx anges chantant,
Qui toute la nuytée
Se sont montrez tous blans,
Noel, noel !
Jamais ne cessera la feste,
Tousjours on chantera noel.

Chantans en assemblée
Ces mots resplendissans :
« Gloire ès cieulx soit comblée
Au Roy sur les puissans.
Noel, noel !
Jamais ne cessera la feste,
Tousjours on chantera noel.

« Sortez de cette prée,
Chantez : Vivé bón témps ;
Car avant la vesprée
Serez de Dieu contens.
Noel, noel !
Jamais ne cessera la feste,
Tousjours on chantera noel.

« D'une Vierge sacrée
Est né le Roy des gens.
Pour ce nul se recrée,
Monstrez vous diligens. »
Noel, noel !
Jamais ne cessera la feste,
Tousjours on chantera noel.

La tourbe s'est levée,
Esmeuz comme sergens.
Nature est relevée,
Ne soyons négligens.
Noel, noel !
Jamais ne cessera la feste,
Tousjours on chantera noel.

Gallioton et Macée,
Rigault et ses sergens
Ont prins une brassée
De boucquets si très gens.
Noel, noel !
Jamais ne cessera la feste,
Tousjours on chantera noel.

L'ung presente une assée,
L'autre de petit gands.
La gambade est troussée,
Vivent les bons enfans !
Noel, noel !
Jamais ne cessera la feste,
Tousjours on chantera noel.

La Vierge n'est lassée
De recevoir présens.
La feste lui agrée,
Chascun fait passe temps.
　　Noel, noel!
Jamais ne cessera la feste,
Tousjours on chantera noel.

L'estoille Orientée
Par divins mouvemens
A fait une amenée
De trois roys de grans sens.
　　Noel, noel!
Jamais ne cessera la feste,
Tousjours on chantera noel.

L'offre fut présentée
D'or, de myrre et d'encens.
Hérodes par Judée
Deffait les innocens.
　　Noel, noel!
Jamais ne cessera la feste,
Toujours on chantera noel.

A la bonne journée
Soyons en Dieu servans.
Que paix nous soit donnée
Comme à loyaulx servans.
　　Noel, noel!
Jamais ne cessera la feste,
Tousjours on chantera noel.

XXXIV

Sur le Chant : D'OU VENEZ VOUS MA DAME LUCETTE.

Or vous tremoussez pasteurs de Judée,
    Chantez parmy le préau,
    Nolet, nolet, nolet,
    Chantez parmy le préau.
    Nolet, nolet, nau.

Pacquier et Foulcault et Macé Prunelle
Iz ont fait ung sault jusqu'à la venelle
    Où est né le Messiau.
    Nolet, nolet.

Godon est venu o sa succerolle,
M'arme ! ol est tout nu, icau se rigolle, y trepe
   · Comme ung chevreau.
    Nolet, nolet.

Ung joly muset in oyseau embroche
Et puis qu'en j'ay fait de ma grant garoche
    Yn fromaige à l'enfanteau.
    Nolet, nolet.

Hurtault luy donna yn quignon de beurre,
Tienurine bailla yn bouchon de feurre,
    Floquet bailla son tourteau.
    Nolet, nolet.

    Floquet bailla son, etc.

Or est grand pidé de sa pauvre couche :
De l'aultre costé a in bœuf qui rouche
    Et Martin a son rasteau.

    Nolet, nolet, nolet.

   Et Martin, etc.

Si fust à Poicters, vray Dé de nature
Ou en noz quaters, Luczons ou Bressure,
Il eust heu in bel hostau.
Nolet, nolet, nolet!

Il eust eu in bel hostau, etc.

Ol y fust venu de belles bourgeoïses
Et si eust ogu prunes et framboysés,
Vin Talmondoys en tonneau.
Nolet, nolet, nolet!

Vin Talmondoys, etc.

Sa mère faisoit amoureuse chière
Et nous regardoit de bonne manière
Béser son enfant royau.
Nolet, nolet, nolet.

Béser son enfant, etc.

Ol y vint aussi, que ne cougnois mie,
Trois de laing d'icy, en grant seigneurie:
Tous dorez sont leurs houseaux.
Nolet, nolet, nolet.

Tous dorez, etc.

In ray tout ruffin iquelz gens ménasse
Et envoye bien loing leur clorre la place ;
Mais il s'en vont sans nul mau.
Nolet, nolet, nolet.

Mais il s'en vont, etc.

Prions hardiment et de bon couralge
La mère, l'enfant qu'en leur héritaige
Nous puissions avoir estau.
Nolet, nolet, nolet.

AMEN.   Noel.

XXXV

Sur : S'ESBAHIST ON SI J'AY PERDU MON TAINCT.

S'ESBAHIST on si malheur est attaint
Et que on voit France tant diffamée
D'avoir perdu la fleur tant renommée,
C'est par erreur qu'on souffre qui nous tainct.
   Noel!

Chantons Noel, priant de cueur non fainct
Que plus ne soit hérésie estimée,
Et les villains qui par tout l'ont semée
Puissent avoir de brief le bruyt estainct
   Noel!

Mère de Dieu, qui portez le fruict sainct
Du Rédempteur, villains vous ont blasmée;
Malgré leurs dens vous serez réclamée
L'œil de pitié qui nous embrasse et ceinct.
   Noel!

Tant que l'erreur incapables estainct,
France sera de malheur consommée,
Qui a esté des nations aymée;
Mais maintenant la foy de nous se plainct.
   Noel!

O nobles cueurs, ne soit faulx conseil crainct.
Requérons Dieu cette saincte journée
Que seure paix soit en France ordonnée,
Et notre roy soit avec nous emprainct!
  AMEN.   *Grâce et amour.*

TYPOGRAPHIE

EDMOND MONNOYER

LE MANS (SARTHE)

www.ingramcontent.com/pod-product-compliance
Lightning Source LLC
Chambersburg PA
CBHW051728090426
42738CB00010B/2146